KB066318

애들아,
다시 불을
켤
시간이야

* 본문에 등장하는 이름 중 일부는 가명을 사용하였습니다.

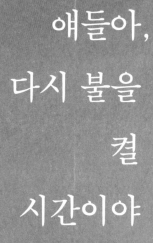

애들아,
다시 불을
켤
시간이야

초년생 선생님이
교실에서 만난
경이로운 순간들

이대윤 지음

🜨🜨에듀니티

나누미를 탄생시킨
사랑하는 아내에게

이 책을 추천합니다

이대윤 선생님과의 만남은 '교사의 삶은 어떻게 책이 되는가'라는 제목의 연수에서 시작되었다. 그가 그 연수를 통해 내어놓은 이야기들이 이렇게 책이 된 걸 보니 연수 담당자로서 매우 뿌듯하다. 별것 아닌 순간에 의미를 부여하고, 빛깔을 입혀 살아가는 지혜를 이 책을 통해 더 많은 분이 경험했으면 한다.
—오경숙 · 전라북도교육연수원 교육연구사

이대윤 선생님은 학생들과 같이 지내면서 경험한, 경이로운 일상의 순간들을 이 책에 담았다. 생명의 자람은 신비롭다. 아이들의 성장은 특히 놀랍고 신비한 순간들로 가득하다. 우리 어린이들이 배우고 성장하는 학교를 논과 밭에 비유할 수 있다. 여러 작물과 채소들도 비바람과 폭풍우 속에서 꽃을 피우고 열매를 맺는다. 학교를 둘러싸고 비바람이 몰아치더라도 아이들은 자란다. 선생님의 사랑의 방패 안에서 그 사랑을 먹고 자라는 아이들이, 언젠가는 꽃이 되고 다른 누군가의 삶을 윤택하게 하는 열매가 될 것이다. 이대윤 선생님과 같은 좋은 교사를 대한민국의 모든 학교에서 만날 수 있었으면 한다.
—김정태 · '좋은교사' 대표

"요즘 학교는 터지기 일보 직전인 시한폭탄 같다"고 어느 기자님이 말한 기억이 난다. 최근 들어 그런 사연들이 자꾸 늘어간다. 이대윤 선생님의 이야기에도 비슷한 사연이 있지만 좀 다르게 다가온다. 이야기마다 잔잔한 일상에서 일궈낸 진한 감동이 있다. 어느 대목에서는 내게 첫 마음을 살려내고, 또 어느 대목에서는 그렇게 살고 있지 못하는 이유를 묻는다. 나의 대답이 궁금하지만 그러한 물음이 반갑다. 예비 교사를 비롯해 현직 교사는 물론이고, 학부모들도 이 책을 읽어보면 좋겠다.
—정성식 · '실천교사모임' 회장

"1명의 좋은 교사가 1000명의 아이를 행복하게 합니다"를 늘 외쳐왔던 나였기에, 사랑과 치유와 기쁨이 넘치는 가정 같은 교실을 일구고 있는 이대윤 선생님의 이야기가 큰 감동으로 다가왔다. 다음 세대를 책임질 여러 교사들에게 새로운 꿈을 안겨주는 책이다.
— 서관석 · 전주교대 수학교육과 교수

이대윤! 이 이름은 내 머릿속에 '피스메이커'로 남아 있다. 그가 가는 곳마다 봄비처럼 생기가 돋는다. 아이들과 함께한 '경이로운 순간'들은 그냥 나온 것이 아니다. 그의 삶이 경이롭다. 이 책에서 그 비결을 찾을 수 있었다. 모든 것을 내주는 사랑을 쏟는 사람! 그는 내 생일이면 어김없이 음료를 한 잔 보내준다. 참 따뜻한 사람이다. 이 책을 읽다 보면 입가에 생기가 돌고, 아이들과 함께하는 경이로운 순간을 경험하게 될 것이다. 아이와 함께하는 모든 이(부모, 교사 모두)에게, '이 남자의 사랑법'에 빠져보길 권한다.
— 최한성 · 익산교육지원청 장학사

이대윤 선생님 같은 분을 스승으로 만난 아들이 부러웠던 적도 있었습니다. 가슴 뜨거웠던 그리운 학창 시절로 잠시나마 돌아가고 싶은 학부모님들에게, 학교와 선생님에 대한 신뢰를 잃어버린 학부모님들에게, 따뜻하고 애틋한 스승과 제자의 아름다운 이야기 속으로 초대하며 이 책을 추천합니다.

— 우윤아 어머니 · 학부모

책 속 인물들의 증언

나를 '천하장사'라고 해도, '열라면'이라고 놀려도 나는 이대윤 선생님이 좋다. 인생에 만난 사람 중에서 제일 착한 분입니다.

— 이효열 · 2학년

짱구반 친구들이 보고 싶다. 짱구반은 동시를 많이 썼다. 선생님이 개그콘서트 같아서 웃겼다.

— 최은비 · 2학년

짱구반 이야기 많이 봐주세요!

— 임지수 · 2학년

초등학교 시절 나와 우리에게 큰 추억으로 남은, 너무 행복했던 하루하루가 책으로 나온다니 정말 놀라워요! 웃긴 에피소드도 많고, 감동적인 에피소드도 많은 책입니다. 꼭 읽어보세요!

— 송대희(본문 중 '송팡이') · 졸업생

잊지 못할 추억을 만들어준 사람을 기억하고 싶다면, 꼭 이 책을 읽어봤으면 좋겠다!

— 홍보석(본문 중 '홍금보') · 졸업생

지금은 축구보다 야구를 좋아하는 이대윤 선생님, 축구는 못해도 열정이 뜨거웠던 선생님! 모든 일에 열정 넘치는 모습을 존경합니다.

— 김민욱(예비 축구선수) · 졸업생

야구에서 1번 타자는 출루율이 높아야 한다. 팀을 위해 공을 참을 줄 알아야 하고, 지켜볼 수도 있어야 한다. 이대윤 선생님은 교사의 삶에서도 역시 1번 타자이다. 아이들을 지켜보며 기다릴 줄 안다. 아름다운 모습이다.

— 정병규 · 버벅스 야구팀 감독님

책을 읽는 내내, 교실 문을 열고 들어서는 선생님 품으로 아이들이 달려가 '팍' 하고 안기는 모습이 그려졌다. "대윤 샘! 샤워 좀 해야겠어. 선생님 냄새가 진동한다."
　　　　　　　　　　　　　　　　　　　　― 장원창 · 영등초등학교 선생님

이 책을 읽으며 나를 돌아보는 시간을 가질 수 있었다. 많은 부분에서 내게 부끄러움으로 다가오는 내용이 꽤 있었다. 일상적인 삶에서 교육의 본질을 말하고 있기에 큰 울림이 있다. 이 책을 읽는 많은 분들이 마음이 따뜻해지기를 소망한다.
　　　　　　　　　　　　　　　　　　　　― 송원용 · 성서교육회 대표

기다림과 어려움 끝에 소중히 얻게 된 교직의 출발은 '물음표'였지만, 멈출 줄 모르는 뜨거운 마음을 가진 이대윤 선생님 덕분에 교사도 행복할 수 있다는 '느낌표'를 얻었다. 지금의 나를 있게 한 소중한 첫 단추, 황금 단추를 끼워준 경험이 이 책에 담겨 있다.
　　　　　　　　　　　― 송호승(돼지감자 선생님, 옆 반 선생님1) · 이리동산초등학교

이대윤 선생님을 동 학년 선생님으로 처음 만난 날, '와! 다르다. 나와는 너무 다르다'고 생각했다. 세상에 한 명밖에 없을 것 같은 독특한 느낌을 주는, 이질감이 느껴지는 선생님이었다. 쉴 새 없이 던지는 아이디어와 아이들을 향한 자유분방함이 조금 지나친 건 아닐까 싶어 한편 걱정도 되었다. 시간이 흘러 동 학년을 맡은 지 3년이 지나고 보니 이질감이 동질감으로 느껴진다. 그 이질감의 바탕에는 아이들을 향한 따뜻한 시선이 있었다. 나와 다른 면을 이대윤 선생님만의 특별함으로 받아들이고 함께하면서 3년 동안 많은 것을 보고 배웠다. 많은 추억을 남겨준 이대윤 선생님에게 말하고 싶다. 고마워!
　　　　　　　　　　　― 김보영(옆 반 선생님2) · 익산가온초등학교

자꾸만 새벽에 글 쓰는 남자. 별것 아닌 일상에서도 자꾸만 감동을 찾는 교사. 처음에는 그의 축축한 새벽 감성이 버거울 수도 있지만, 어느새 그 감성에 물들게 되는 자신을 발견할 수도…….
　　　　　　　　　　　― 이애리(옆 반 선생님3) · 함열초등학교

들어가며

　우리는 저마다 추억을 먹고 산다. 추억은 사진처럼 각자의 마음과 생각 속에 '순간'으로 기록되어 있다. 그 추억은 현재의 나와 끊임없이 대화하고, 현재의 나를 살아가게 하는 원동력이 된다. 우리는 이것을 '순간의 힘'이라고 부른다.

　이런 아름다운 순간과는 상반되게, 우리 귀에 들려오는 소식들은 교육의 암울한 단면만을 전한다. 극단적이고 기사화되기 쉬운 사건이나 소재만을 골라 이 사회에 전달하여, 교실이라는 공간에서 살아가는 교사와 학생들의 '순간'을 암울하게 그려내고 있다.

　하지만 미처 다 들여다볼 수 없는 학교 현장과 교실 구석구석에서는, 우리가 다 담아내지 못한 경이로운 순간들이 탄생하고 있다. 교사는 교사대로, 학생은 학생대로 그 순간들을 소중히 담아내지 못하고 있을 뿐이다. 그렇다 보니 교실 밖 타자들은 그 경이로운 순간들을 전해 듣지 못하고 있다.

　이 책은 특별한 교사의 책도, 대단한 교사의 책도 아니다. 내가 잘한 것을 자랑하려고 쓴 책은 더더욱 아니다. 이 책에는 오롯이 교사와 아이들이 만들어내는 순간을 담아냈다. 나는 그 '경이로운 순간'들을 글로 담아냈을 뿐이다.

이 책을 통해, 먼저 교사에게는 그 '순간'을 만들어내는 창조력을 불러일으킬 수 있으면 좋겠다. 교사는 감동을 먹고 사는 존재이다. 학교 현장에서 지쳐 있는 교사를 다시 일으켜 세울 힘은 쉼과 공감, 전문성 신장과 같은 교사 성장보다도 '감동'이라고 생각한다. 이 감동은 '순간의 힘'에서 나온다. 교실에서 지금도 일어나고 있는, 사소하고 아름다운 순간을 놓치지 않고 볼 수 있는 '순간 통찰력'을, 더 나아가 이러한 순간을 기다리기보다 창조해내는 '순간 창조력'을, 나와 비슷한 고민을 하는 여러 교사들과 공유하고 싶다.

이 책에 나오는 숱한 순간의 감동들이 모든 선생님에게 같은 모습으로 나타나기를 바라지는 않는다. 각자 다른 선생님들의 교실에서 또 다른 '경이로운 순간'이 나타나기를 바란다. 교실에서 일어나는 이런 순간들이 아이들에게는 감동이 되어 추억으로 남기를, 그리고 그 추억이 아이들에게 살아갈 힘이 되기를 바란다.

한편 교실에서 일어나는 일들을 자극적인 언론 기사를 통해서만 접했던 우리 아이들의 부모님이, 교실이 그런 일만 일어나는 무시무시한 곳이 아니라 아이들에게 배움과 추억을 끊임없이 공급해주는 곳임을 아셨으면 좋겠다.

마지막으로 이 책이 학교 현장과 사회, 교실과 가정(부모)을 연결하는 고리가 되었으면 한다. 판도라의 상자와 같이 여겨지는 교실의 순간을 활짝 열어 가정과 사회에 제대로 보여주기를 바란다.

아무쪼록 어둡고 심란한 이야기들 가운데서, 이 책에 담긴 교실의 이야기들이 많은 이들에게 평화의 메신저가 되기를 빈다.

차례

3부 '우리'라는 학교

1부

2학년은
저도
처음입니다만

2학년 '짱구반'을
소개합니다

"우리 아이가 남자 선생님이 처음이라 걱정이 되나 봐요."

새로운 학교에 출근도 하기 전에 민원 전화를 받아보기는 처음이다. 아직 통성명도 하지 않은 교무부장 선생님으로부터 이런 전화를 받고 나는 속으로 생각했다.

'저도 이렇게 어린 아이들이 처음이라 걱정이 돼요.'

그렇게 나도 아이들도 서로에게 초년생이 되어, 입학식 날 처음 만나게 되었다. 남자 선생님이라 걱정된다는 민원 전화가 왔다고 들으니, 도저히 그냥 학교에 갈 수 없었다. 첫날부터 이 녀석들을 편하게 해줘야겠다는 생각에 여자 가발을 쓰고 첫 수업을 했다. 그 사건이 결국 내 발등을 찍을 것이라는 생각은 그때는 하지 못했다……

첫 만남은 강렬했고, 우리는 선생님과 제자라기보다는 친구가 되어버렸다. 우리의 관계는 첫 만남 때 무리수를 둔 탓에 그렇게 굳어지고 말았다.

2학년 짱구반 아이들을 정식으로 소개한다. 먼저 '짱구반'이라는 학급 별칭은 우리 반 아이들이 지었다. 오랫동안 고학년을 맡으면서 학생 자치의 재미를 맛본 나는, 저학년 아이들도 학급 자치를 하도록 이끌어주려고 첫날부터 학급 별칭을 함께 정해보았다. 아이들이 건의한 여러 이름 중에서 어이없게도 '짱구반'이라는 별칭이 당첨되었다. 무엇이든 그 속에 담긴 의미를 중요하게 생각하는 나는 그날 집에 돌아와 한참을 생각했다.

　　'짱구반, 짱구반……'

　　도무지 의미를 붙일 수가 없었다. 혼자 끙끙대며 고민하던 그때, 역시나 현명한 아내가 나에게 도움을 주었다.

　　"짱구반? 짱 9? 아홉 가지가 짱인 반 어때?"

　　"오! 아주 좋은 생각이야!"

　　다음 날 학교에 와서 학급 별칭을 '짱구반'으로 확정하고, 우리 반의 자랑 '아홉 가지 짱'을 함께 정했다. 물론 아홉 가지 자랑(짱)마저도 '딱풀 짱', '가위 짱', '자 짱' 등 우리 반에 많이 있는 물건을 자랑거리라고 말하는 아이들의 순수함에 나는 할 말을 잃었다. 하지만 그중에 '선생님 짱', '사랑 짱'도 있었으니 충분히 이해해줄 만했다.

　　아침에 등교하면 2학년 짱구반의 아침 인사는 조금 색다르다. 8시 30분이 되면 선생님은 여유 있게 교사 책상에 앉아 준비한 수업을 다시 한번 훑어보고, 아이들은 조용히 책을 읽는 장면을 생각하면 큰 오산이다. 학교 주차장에 도착해 차에서 내리면 저 멀리서 아이들이 삼삼오오 나를 기다리고 있다. 그리고 나를 발견하자마자 짧고 강렬한 인사로 맞이한다. 더불어 양쪽에서 나를 붙잡고 끌고 가다시피 교실로 향한다.

수업 때 마실 물을 뜨러 교무실에 내려가면, 이 아이들이 이미 교무실 문 앞에서 대기하고 있다. 선생님 일을 도와주는 것이 무슨 대단한 일이라도 되는 양, 내가 마실 물을 서로 들겠다며 싸우기도 한다. 이렇게 나의 아침이 시작된다.

"주말에 뭐 했어요?" "어제 뭐 했어요?" 이런 질문을 던졌다가는 한 시간 수업이 희생되고 만다. 이 간단한 질문 하나에 할 말이 어찌나 많은지, 소설 한 권 분량 이야기가 술술 나온다.

쉬는 시간에는 내 앞에 줄을 선다. 아이들이 나를 둘러싸고 동시다발적으로 이야기를 하는 통에 줄을 서서 한 명씩 이야기하라고 한 것이다. 그랬더니 쉬는 시간마다 네댓 명씩 줄을 선다. 어디 그뿐일까. 쉬는 시간에는 내 책상 위에 정체를 알 수 없는 자그마한 선물이 놓여 있다. 젤리 하나(한 봉지가 아니라 하나), 직접 만든 수공예 작품, 그림(나는 분명 남자 선생님인데 여자 선생님으로 그린 그림. 왜 여자 선생님이냐고 물었더니 그냥 여자를 그리는 게 좋다고 한다), 여러 가지 자작시 등 그 종류도 다양하다.

또 이 아이들은 자랑하기 '대마왕'이다. 글을 쓸 때마다, 한 문제 한 문제 풀 때마다 나와서 내게 자랑을 한다. 그림을 그릴 때는 사람 한 명을 그리고 나와서 자랑을 한다. 사람을 한 명 그렸을 때 한 번 자랑을 하고, 일반적으로 아이들의 그림 한 장에 다섯 명이 등장한다고 가정하면, '자랑 5번×20명=자랑 100번'이 된다. 그럼 나는 그 100번 모두 다른 버전, 다른 억양, 다른 내용의 감탄사로 칭찬해줘야 한다.

그뿐만이 아니다. 아이들은 선생님 흉내를 내는 데 도사다. 도서관에서 책을 빌려오는 날이면, 내가 읽는 어른들 책만 골라오는 녀석이 있고, 선생님이 마시는 커피를 탐내며 냄새를 맡아보는 녀석도 있다. 내가 시를 좋아한다고 하니 동시집을 읽고 좋은 시를 소개해주는 녀석도 있고, 내가 햇볕이 잘 드는 창가에서 책을 읽으니 그 자리를 탐내는 녀석도 있다.

이런 어린아이들이 '밀당'을 시도하기도 한다. 내가 자기들을 좋아하는 것을 아나 보다. 자작시에다 작년도 담임선생님인 옆 반 선생님이 예쁘다는 말을 써오기도 한다. 왜 나에 대해서는 안 썼느냐고 물어보니 못생겨서란다. 나는 그렇게 매번 '밀당'에 당한다. 사랑하는 사이에서는 더 사랑하는 쪽이 진다는데 나는 항상 절대적으로 '을'이다.

지금까지 한 번도 경험해보지 못한 아이들! '2학년 초년생'

교사와 '남자 선생님 초년생' 아이들이 함께한 짱구반 교실의 순간들! 경이롭고 소소한 감동의 순간들이 이렇게 우리에게 시작되었다.

마음의
선물

내 책상에는 종종 정체를 알 수 없는 것들이 놓여 있다.

"이건 뭐니?"

"누가 갖다놓은 거야?"

순수한 아이들의 입을 통해 그 범인을 쉽게 찾을 수 있다.

아이들의 시도 때도 없는 사랑 고백에도 적응이 안 되지만, 선물인지 뇌물인지 정체를 알 수 없는 내 책상 위의 물건들에도 적응이 되지 않는다. 나와는 '1도 닮지 않은' 그림과 하트가 뿅뿅 그려진 편지에서부터, 엄마가 냉장고에 넣어두었던 커피

까지, 그 종류와 내용도 가지각색이다. 어느 날은 선생님을 위해 직접 만들었다면서 내 이름을 새긴 수공예품을 건네준다. 또 어느 날은 아시안 마켓에서 일하시는 엄마가 가져온 말린 망고 같은, 아이에 대해 깊이 알 수 있는 선물도 받아본다.

하루는 전혀 예상치 못한 선물을 받았다. 아이들과 체육 시간을 마치고 와보니 책상 위에 잘 포장된 선물이 놓여 있었다. 무엇이 들었든 포장된 선물을 받으면 왠지 모르게 설렌다. 어쨌건 내 책상에 놓인, 정체를 알 수 없는 선물은 크기와 질감으로 봐서는 분명 책이었다.

'어떤 선생님이 두고 가셨나?'

아무런 쪽지도 흔적도 없어, 궁금함을 참지 못하고 포장을 조심스럽게 뜯어보았다. 포장지 안에는 책이 네 권 들어 있었다.

'우리 반 아이 주라고 다른 반 선생님이 놓고 가셨나?'

어쩔 수 없이 아이들에게 물어보았지만 아이들 또한 알지 못했다. 그렇게 그 선물의 범인(?)은 찾지 못하고 그 책을 내 책장에 꽂으려는 순간, 범인을 추측할 만한 확실한 단서를 포착했다. 책 옆에 '이준영'이라고 이름이 쓰여 있는 게 아닌가!

준영이는 사실 나를 힘들게 하는 아이다. 직설적인 화법과 툭툭 내뱉는 말투로 친구들과 말다툼이 잦고, 수업 시간에도 산만한 편이다. 게다가 그 아이와 나 사이에 경계가 세워져 있지 않아 나는 다소 어려움을 겪고 있었다.

그 전주에 수업 공개가 있었는데, 다른 선생님들이 그 아이의 행동을 유심히 관찰해주셨다. 수업 나눔 때 나는 내 상황을 솔직하게 토로했고, 수업 친구 선생님들은 심리극까지 함께 해주며 나를 도와주셨다.

그런데 그 아이가 나에게 선물을 주었다. 그것도 내가 읽고 싶었던 『나쁜 어린이표』라는 동화책을. 다소 서툰 포장 실력이지만 나름 포장도 해왔다. 그러고는 부끄러워서 말을 못 하고 있었다. 고마운 마음에 준영이를 와락 안아주었다. 그 아이의 이름이 적힌 그 책은 나의 가장 소중한 책이 되었다.

『나쁜 어린이표』.

이 책을 읽는 동안 준영이가 계속 생각났다. 선물을 준 주인공이기도 했지만, 준영이는 책 속의 주인공과도 닮아 있었다. 나에게 깨달으라고 일부러 이런 책을 골라 선물했을 리는 없지만, 어찌 됐건 나는 이 선물을 통해 깨닫게 되었다. 혹 내 마음속에서 준영이에게 '나쁜 어린이표'를 달아주지는 않았는지…….

그리고 오늘 나는 준영이의 생일 파티에 초대받았다. '방방'을 타고 치킨을 먹고 방에서 논다는데……. 일정을 들으니 마음이 끌린다. 못 가면 작은 선물이라도 친구 편에 보내야겠다.

사랑은
주는 만큼

사랑은 주는 만큼 돌아온다. 그리고 받은 만큼 돌려주기도 해야 한다. 그래서 나도 아이들에게 가끔 선물을 한다.

얼마 전 한 아이의 일기를 보았다. 그 일기에는 축구공 가방을 갖고 싶은 아이의 간절한 소망이 물씬 담겨 있었다. 아직 몇 달이나 남은 자신의 생일에 '엄마한테 사달라고 해야겠다'라고 적혀 있었다. 사실 이 아이는 작년에 할아버지와 아빠를 한 달 간격으로 잃었다. 엄마와 누나들, 할머니와 사는 이 아이가 갖고 싶은 축구공 가방은, 분명 아빠가 선물해줘야 할 몫인 듯했다.

다음 날 그 아이를 불렀다.

"선생님이 축구공 가방을 하나 사려고 하는데 좀 골라줄래?"

다 큰 어른이 무슨 축구공 가방을 사려고 하나 싶은 어리둥절한 눈으로 "이게 제일 멋져요"라며 골라준다. 자신의 선물이 될 줄은 모른 채.

며칠 뒤 축구공 가방이 드디어 도착했다. 나는 가방을 등에 메고는, "에이~ 맘에 안 드네. 시우! 이거 샘한테 안 어울리는데 너 가질래?" 하고 자존심이 센 그 아이에게 내 나름의 방법 (일명 '츤데레')으로 툭 건네본다.

물론 선생님의 속이 뻔히 보이는 작전을 알면서도 그 마음을 보고 흔쾌히 받고, 감사하다고 꾸벅 인사하는 아이의 밝은 모습을 바라보니 세상을 다 가진 기분이다. 나는 그렇게 잠시나마 한 아이의 아빠가 되어주었다.

오가는 선물 속에 우리의 사랑이 싹튼다. 말 그대로 마음의 선물이다. 마음을 담아 전하는 그 선물에는 기적이 있고 생명력이 있다. 작은 선물이지만, 이 선물은 영혼을 살리는 역할을 한다.

아이들과 나는 서로에게 대가성 뇌물을 바치고 있는지도 모른다. 하지만 이 뇌물(?)을 통해 상대가 행복해하고 활짝 웃는다면, 그리고 아름답게 자라준다면, 나는 오늘처럼 앞으로도 대가성(아이들이 행복해지는 대가) 뇌물을 필요에 따라 공급할 것이다. 그뿐 아니라 아이들도 나에게 그런 사랑을 날마다 공급해주고 있으니, 이건 '사랑의 나눔'이 아닐까.

이 남자의
사랑법

요 며칠 아이들과 수업다운 수업을 하지 못했다. 여기서 말하는 '수업다운 수업'이란 우리가 생각하는 바로 그것. 자리에 바르게 앉아 선생님 설명을 귀담아 들으며, 바른 글씨로 필기하고 바른 자세로 발표하는, 무엇보다 소란하지 않은 정숙한 분위기 속에서 이루어지는 그런 수업이다.

사흘간 아이들과 프로젝트 학습으로 마을 탐방을 했다. 마을 탐방을 마친 아이들은 들뜰 대로 들떠 있었다. 고맙게도 마을 탐방 기간 동안 매일매일 친절하고 좋은 분들을 만나 즐거운 시간을 보냈다.

읍사무소에서는 계장님께서 읍사무소에 대해 직접 설명해주고 간식까지 주셨다. 경찰서에서는 경찰관 네 분이 경찰서를 구경시켜주고, 경찰차 옆에서 손수 기념사진도 찍어주셨다. 거기다 경찰 마크가 새겨진 양말과 부채까지 선물받았으니 아이들이 얼마나 신이 났을까. 도서관에서는 사서 선생님께서 아이들에게 책 찾는 방법을 설명해주고, 어린이 도서관을 구경시켜주셨다. 이렇게 즐거운 시간을 보내면서 아이들은 수업다운 수업에서 많이 멀어져 있었다.

　사흘간의 마을 탐방 모험을 마친 바로 다음 날, 수업 공개가 예정되어 있었다. 원래는 수업 나눔을 하기로 되어 있었던 가까운 선생님 두 분만 참관하기로 했는데, 어쩌다 보니 많은 선생님들이 나의 준비되지 않은, 날것 그대로의 수업을 참관하러 오셨다. 처음에는 제법 여유로웠다. 주사위와 놀이 도구를 활용해 즐거운 수업이 이어졌다. 하지만 마을 탐방과 주사위의 여파로 수학 수업은 '수업다운 수업'과는 점점 멀어지고 있었다. 마침내 나의 표정은 일그러져갔고, 이미 붕 떠 있는 아이들을 집중시키기란 거의 불가능에 가까워 보였다.

　그렇게 민망하고 부끄러운 나의 수업 공개를 마치고 몇몇 선생님과 수업 나눔을 시작했다. 나는 알몸이 되어 홀로 서 있는 기분이었다. 하지만 수업 나눔은 따뜻했다. 지적과 질책, 비판의 자리에는 따뜻한 격려와 위로가 채워져 있었다. 그리고 무엇보다 감사한 것은, 동료 선생님들이 내가 나의 고민과 직면할 수 있도록 적극적으로 도와주셨다는 점이다. 나는 이 일련의 과정을 통해 나 자신을 객관적으로 돌아볼 수 있었다.

그렇게 길고 길었던 하루를 마치고 퇴근한 뒤 해질녘 라이딩을 떠났다. 힘차게 페달을 밟으며, 선생님들의 도움으로 직면하게 된 나와 더 깊이 만나본다. '왜 내가 힘들까?'라는 질문보다 '언제 나는 행복했지?'라는 질문을 스스로에게 던져본다. 지난 시간 내가 행복했던 때는, 아이들을 온전히 사랑하고 그 사랑의 마음으로 내 안의 열정과 에너지를 온전히 다 쏟아냈던 순간들이었다. 그런데 언제부턴가 내 삶에서 나의 열정과 에너지를 아끼고 저장하기 시작했다.

'그래도 약간의 에너지는 새로 시작한 가정에 쏟아야 하지 않을까?'

'나 자신을 위해서도 조금 남겨두어야겠지?'

'집안일도 밀려 있잖아, 여기에도 좀 써야지.'

그렇게 조금씩 조금씩 아껴두기 시작한 에너지들, 아이들에게 흘러가야 할 열정과 에너지가 나 자신을 위해 사용되고 고이기 시작했다.

나의 사랑법은 다 주는 것이다. 상황을 따지거나 나중을 생각하지 않고, 지금 이 순간만 살 것처럼 다 비워내는 것이다. 그렇게 흘러나간 사랑은 우리 아이들을 통해 다시 내게로 돌아온다. 설령 그 사랑이 돌아오지 않더라도, 나의 사랑과 열정이 아이들의 삶과 성장에 작은 도움이 된다면 그것만으로 나는 이미 채워진다. 100을 주고, 경이로운 순간을 통해 200이 채워져왔다. 그 살아 있는 감동이 나에게 또 다른 힘이 되고 더 큰 열정을 만들어냈다.

그러니 다시 뜨겁게 사랑할 것이다. 남겨두지 않고 다 쏟아낼 것이다. 스스로에게 부끄럽지 않을 만큼, 사랑하는 이들을 위해 뜨겁게 살아낼 것이다.

어쩌겠는가? 이게 '이 남자의 사랑법'인 것을…….

버벅대지만, 더불어 함께, 하모니를 이루며 살아가기

짱구반 아이들이 119 안전 체험을 다녀왔다. 여러 훈련 중 화재 대피 훈련 때 일어났던 일을 소개하고자 한다.

우리는 실제와 같이 연기가 나고, 깜깜하고 무서운 실내를 벽을 만져가며 탈출해야 하는 훈련을 받게 되었다. 성인인 나도 무서웠는데 아이들은 얼마나 무서웠을까.

실제를 방불케 하는 훈련에, 시작부터 비명을 지르고 울음을 터뜨리는 아이도 있었다. 교사인 나는 맨 뒤에서 개별반 아이(자폐를 가진 아이)의 손을 잡고 함께 탈출하고자 했다. 하지만 아이는 폐소공포증과 두려움에 갑자기 울기 시작했고, 우리는 훈련을 포기하려 했다.

그때 두려운 분위기를 깨고 조그마한 노랫소리가 귓가에 들려왔다.

딱지 따먹기 할 때

한 아이가 내 것을 치려고 할 때

가슴이 조마조마한다

딱지가 홀딱 넘어갈 때

나는 내가 넘어가는 것 같다

이 무서운 상황과는 전혀 어울릴 것 같지 않은 〈딱지 따먹기〉 노래였다. 한 아이가 수업 때 배운 노래를 부르기 시작한 것이다. 한두 명이 따라 부르더니 어느새 모두 함께 노래를 부르기 시작한다. 그 깜깜하고 아무것도 보이지 않는 공간이 아이들의 따뜻한 노래로 채워지기 시작했다. 여전히 눈앞은 깜깜했지만, 더 이상 그곳은 무섭고 답답한 장소가 아니었다. 내 손을 꽉 잡고는 되돌아 나가려던 개별반 아이도 노래를 따라 부르며 한 발 두 발 발을 떼기 시작했다. 그렇게 점점 앞으로 전진했다. 한 사람의 낙오자도 없이, 우리 짱구반은 모두가 침착하게 탈출에 성공했다.

훈련을 마치고 소방관님이 이 모든 훈련 과정을 CCTV로 확인하시더니, "2학년 어린아이들이 위기의 순간에 서로를 격려하는 모습이 참 예뻤어요. 무서웠을 텐데 노래를 부르며 침착하게 나오는 모습이 인상적이었어요"라고 칭찬해주셨다.

통합 학급 담임으로서 나는 아직 준비되지 못했는데 아이들은 그런 나보다 더 준비된 모습이었다. 어떤 순간에도 그 순간을 함께 헤쳐나가는 아이들의 모습을 보는 것이 담임의 보람이다. 순간순간 나에게 경이로운 장면을 선사해주는 아이들 덕에 방전된 에너지가 다시 충전된다.

버벅스 야구팀, 더함헤어, 하모니 교회

나에게는 큰 영감을 주는 좋은 공동체가 있다.

우선 '버벅스 사회인 야구팀'을 들 수 있다. 우리 야구팀은 팀 이름만큼이나 버벅대는 팀이다. 나는 2016년에 처음으로 사회인 야구를 시작했는데, 버벅스는 해마다 꼴찌 아니면 꼴지에서 두 번째를 맡고 있다. 이제 야구를 막 시작한 초년생들이 많다 보니 실수와 실책을 연발한다. 하지만 우리 팀은 어떤 팀보다 따뜻한 팀이다. 경기 결과와 상관없이 서로를 격려하고 다독인다. 경기에 뛰지 못하는 벤치 멤버가 되더라도, 팀원들 얼굴을 보러 나오기도 한다. 특별히 잘하는 에이스는 없지만, 우리는 조금씩 나아지고 있다.

두 번째 공동체는 '더함헤어'다. 미용실 이름 같은데 무슨 공동체냐고 할 것 같다. 4년 전 익산의 한 미용실에서 나는 특별한 헤어디자이너를 만났다. 여느 남자 손님들이 그렇듯 나 또한 미용실에 가면 왠지 모르게 주눅이 들어 아무 말 없이 머리만 자르고 오곤 했다. "어떤 디자이너 찾아오셨어요?"라고 물으면, "그냥 빨리 잘라주는 분이요"라고 대답하는 나였다.

그러다 이 디자이너를 만나게 되었고, 그곳에서 시작된 우리 인연은 그가 미용실을 몇 번 옮기는 과정 속에서도 계속되었다. 그분이 얼마 전에 독립하여 개인 미용실을 개업했는데, 그 미용실의 이름이 '더함헤어'다. 지금은 아내도, 내가 아끼는 후배 선생님들도, 아내의 친구들과 그 남자친구들까지도 이 미용실의 고객이 되었다.

이렇게 인연이 연결되다 보니, 더함헤어의 고객들이 서로 다 아는 사이가 되었다. 디자이너와 나의 벗들을 우리 신혼집에 초대해 '정모'도 했다. 이젠 '그냥 손님'이 아니라 '단골손님'이 되었다. 아니, 손님에서 '벗'이 되었다고 할 수 있다.

'더함헤어'라는 이름 또한 우리의 가치관과 딱 들어맞는다. '더함'의 뜻은 '무언가를 더한다'라고 한다. 사랑을 더하고, 행복을 더한다. 이 뜻 외에도 '더불어 함께'라는 뜻도 중의적 표현으로 사용할 수 있겠다. 혼자가 아닌 '더불어 함께'. 그렇게 우리는 각각의 고객이 아니라 '더불어 함께'하는 벗이 되었다.

세 번째 공동체는 '하모니 교회'이다. 나는 34년간 한 시골 교회를 다녔다. 몇 명 안 되는 시골 아이들과 함께한 그 시간은 내 평생 잊지 못할 순간들일 것이다. 결혼 후 아내와 함께 그곳을 떠나 새로운 교회에 다니게 되었다. 이 교회의 이름이 '하모니 교회'이다.

이곳에는 열 명 남짓 어른들이 다니신다. 70대 장로님과 권사님, 60대 집사님, 50대 어른들 앞에서, 서른다섯인 나와 20대인 아내는 명함도 내밀지 못한다. 이렇게 다양한 연령대의 사람들이 한자리에 모여 있다. 각자 다른 사연과 스토리를 담고. 나이와 성별, 그리고 살아온 환경이 다른 성도들이 한자리에 모여 예배를 드리고 식사를 한다. 그리고 '하모니'를 이루며 작지만 한걸음 나아간다.

이 세 공동체의 이름을 합쳐보니, 내 삶의 방향과 가치관이 만들어진다.

'버벅대지만, 더불어 함께, 하모니를 이루며 살아가기.'

내 삶에도, 우리 아이들의 삶에도 이런 소중한 가치가 뿌리내렸으면 한다. 오늘 안전 체험에서 아이들이 보여준 '경이로운 순간'은 '버벅대지만, 더불어 함께, 하모니를 이루며 나아가기'를 직접 보여주었고, 내 뇌리 속에 이 단어들의 조합(버벅대지만, 더불어 함께, 하모니를 이루며 살아가기)을 탄생시킬 수 있는 영감을 선물해주었다.

내 삶의 생장점 '공동체'

앞에서 소개한 공동체 외에도 내 삶에 위로와 지지가 되어주고, 매 순간 성장과 영감을 채워주는 공동체가 하나 더 있다. '좋은교사운동'을 함께하는 '성서교육회'다.

교사로서 부푼 가슴을 안고 발령받은 먼 시골 학교는 나에게 무無와 같은 공간이었다. 그때 나는 교사로서 무엇을 해야 하고 어떤 방향으로 나아가야 하는지, 길이 전혀 보이지 않았다.

학교 생활에 대해 조언해주는 교사 한 명 없었고, 외롭고 힘든 교사의 삶을 공감해줄 학교 밖의 공동체도 없었다. 퇴근후에는 깜깜한 관사에 돌아와, 밤새 게임에 빠져 지내기를 몇 년간 지속해왔었다.

이런 어둠의 동굴로부터 나를 끄집어내준 것이 공동체였다. 한 주에 한 번 함께 모여 서로의 삶을 나누는 공동체는, 교사로서의 나를 서서히 변화시켰다. 대단한 활동을 한 것은 아니다. 편안한 만남 속에서 맛있는 식사를 하며 대화를 나누었을 뿐이다. 급작스러운 변화가 일어난 건 아니었지만, 나도 모르는 사이에 서서히, 내 삶의 시간과 공간들 안에 따뜻함이 채워지기 시작했다.

처음 교사로 발령받은 후배들의 삶을 들여다보면, 나의 초임 시절이 떠오른다. 후배 교사에게 "방황의 시간을 겪는 것도 나름대로 의미가 있겠지만, 공동체의 테두리로 들어와 편안함과 풍성함을 맛보시라"고 제안하고 싶다.

지금도 나는 이런 편안한 공동체를 통해 매 순간 지지받고 있으며, 교실로 침투해 들어오는 이 시대의 암울한 가치관들을 거부할 수 있는 용기와 힘을 공급받고 있다.

이불
덮어주기

우리 아이들은 자주 아프다. 쉬는 시간마다 아프다며 나에게 오는 아이들을 다 치료해주다가는, 내가 선생님인지 의사인지 분간할 수 없게 된다.

이런 아이들을 위한 나만의 대처법을 소개해본다. 먼저 허준의 명대사처럼 "줄을 서시오"라고 말한다. 그다음 한 명 한 명 진단해본다. 아이들의 표정을 살피고, 이마에 손도 얹어본다. 나온 아이 중 50퍼센트는 이마를 한 번 만져주고 "아파서 어떡하니"라는 말 한마디로 낫는다. 남은 50퍼센트 중에서 절반은 비타민을 하나 주거나, 아침에 텀블러에 떠놓은 따뜻한 물 한 잔이면 깨끗이 낫는다. 교사는 아픈 아이를 치료하는 전문성까지 갖춰야 하나 보다.

그리고 정말 아픈 아이는 한눈에 알 수 있다. 나의 돌팔이 치료 능력으로는 해결되지 않는 이런 아이는 보건실로 보낸다. 아이가 힘들어서 부모님에게 전화를 해달라고 할 때도 있다.

어느 날이었다. 두어 달간 아이들이 열심히 모은 '칭찬 건빵' 덕에 영화 한 편을 모두 함께 보게 되었다. 보고 싶은 영화와 시간, 장소, 그 밖의 내용("영화 보면서 안고 있을 인형을 가져와도 되나요?"부터 "음료수 가져와도 돼요?"까지 그 내용은 실로 상상할 수 없을 정도로 방대하다)을 학급 회의를 통해 정했다. 2학년이 무슨 학급 회의냐고 비웃을지 모르지만, 2학년 아이들은 생각이 확고하고 자신들이 회의해서 결정한 내용은 결과가 어떻게 나오든 스스로 책임을 진다. 그리고 자신들의 결정이 잘못된 결과를 낳게 되면, 다음번에 같은 상황을 맞닥뜨렸을 때 지혜롭게 결정을 수정해나간다. 이런 소소한 즐거움을 주는 배움이 있기에, 나는 아무리 어려도 아이들의 생각과 의견을 귀담아 듣는다.

그렇게 해서 보게 된 애니메이션! 집에서 가져온 가벼운 담요를 덮거나 목 베개를 베고 아주 편안한 자세로 영화를 관람한다.

그런데 이 즐겁고 행복한 날, 성준이가 아침부터 아프다고 1분마다 한 번씩 나를 찾는다. 여느 때처럼 1단계로 표정을 살피고, 2단계로 이마에 손을 대본다. 미열이 살짝 있다. 보건 선생님은 출장으로 자리에 안 계셨다.

"엄마는 일 나가셔서 집에 안 계세요. 집에 계신 아빠한테 전화해서 저 좀 데리러 와달라고 해주세요."

성준이 아버님께 전화를 드리니 한 시간 뒤에 데리러 오겠다고 하신다. 아이들이 영화를 즐겁게 보고 있는 와중에 나는 성준이를 간호해야 했다. 먼저 교실 뒤편에 마련한, 누울 수 있는 편안한 장소인 '작은 도서관'으로 아이를 데리고 갔다. 그리고 내 무릎을 베개 삼아 눕게 해주었다. 머리를 쓰다듬어주고 이마에 손도 얹어주었다. 할머니 손은 약손인데, 선생님 손은 약손이 아닌가 보다.

몇 분이나 흘렀을까. 한창 영화에 집중하던 아이들이 뒤를 자꾸 쳐다본다. 그러더니 한 명 두 명 슬그머니 뒤로 온다.

첫 번째 아이는 자신이 입고 있던 겉옷을 아픈 친구에게 덮어주더니 옆에 앉아 물끄러미 쳐다본다. 또 한 아이가 나와서는 자신이 가져온 가벼운 담요를 다리 쪽에 덮어준다. 다음 아이는 베개를, 다음 아이는 폭신폭신한 인형을 옆에 놔준다. 그리고 그다음 아이는 "성준아, 아프지 마"라고 하며 다리를 쓰다듬어주고 가고, 또 다른 아이는 선생님에게 배운 대로 이마에 손을 얹더니 "많이 아프겠다"라고 하며 옆에 앉아 간호 아닌 간호를 한다.

친구들의 이불을, 아니 친구들의 사랑을 덮은 성준이는, 몸은 아플지 모르지만 얼굴은 그 어느 때보다 밝다. 얼마 전에 친한 친구가 없어 걱정이라면서 성준이 어머니가 전화를 하신 적이 있었다. 평소에도 성준이 부모님과 자주 통화를 한다.

때로는 외로웠던 성준이가 친구들의 관심과 사랑을 통해, 아팠던 마음은 확실히 치료받고 있는 듯하다. 1분마다 "선생님, 아파요"라고 말하던 성준이는 잠을 자고 있는 건지 그냥 눈만 감고 있는 건지는 모르겠지만, 내 무릎을 베고 편안하게 누워 있었다.

한 시간이 지났고, 영화가 끝났다. 때마침 성준이 아버님이 오셨고, 나는 아이 손을 잡고 아버님에게 걸어갔다. 내 손에서 아빠의 손으로 아이의 손이 옮겨지고, 추석 연휴까지 오랫동안 떨어져 있어야 하는 선생님과 아이는 윙크 한 번으로 아빠 몰래 인사를 나눈다.

나는 오늘 의사가 아닌 선생님으로서, 아픈 아이 치료법 하나를 새로 배웠다. 바로 이불 덮어주기, 아니 더 정확히 말하면 '사랑' 덮어주기.

TIP 아픈 아이 치료하기

1. 먼저 아이의 표정을 살핀다.
2. 이마에 손을 가만히 얹어본다.
3. 아이의 상태에 따라 처방을 내린다.

　　　　관심이 필요한 상태라면 비타민을 주거나,
　　　　따뜻한 물을 한 컵 마시게 한다.
　　　　열이 있거나 전문가가 보아야 하는 상태라면
　　　　보건실에 데려다주고 보호자에게 연락을 취한다.

장난감
파티

2학년 학급 회의 중 인상 깊었던 안건 하나가 생각난다. 칭찬 보상물을 다 모으면 뭘 할지 정하는 회의였다. 그 회의 때 나온 의견이 '장난감 파티'를 하는 것이었다. 교사인 나는 생전 들도 보도 못한 '장난감 파티'.

아이들이 말한 '장난감 파티'라는 것은, 집에 있는 소중한 인형이나 장난감을 학교에 가지고 와서 친구들에게 소개하는 파티이다. 2학년 초년생인 나로서는 도저히 그려지지 않는 활동이었다.

하지만 어쩌겠는가? 학급 회의의 가장 중요한 원칙은, 아이들이 어떤 결정을 내리든 지지해주고 실행하는 것이니.

마침내 디데이D-day가 왔다!

아침에 출근해서 교실 문을 열자마자 북적북적하다. 작은 인형부터 거대한 인형까지 그런 난리가 없다. 그렇게 장난감 파티가 시작되었다. 일단 너무 정신이 없어서, 아무런 형식 없이 진행했다가는 큰일 나겠다 싶었다.

"자~ 자신이 아끼는 장난감 가져왔나요?"

"네~"

"그럼 모두 그 장난감을 교실 가운데에 놓으세요."

아이들의 손에서 일단 장난감을 떼어놓고 아이들을 진정시켰다. 그리고 한 사람씩 나와서 자신의 장난감을 앞에 놓고 소개하게 했다. 그렇게 이야기가 시작되었고, 하나하나 사연을 듣고 보니 내가 하찮게 여겼던 그 장난감들은 결코 하찮은 것들이 아니었다.

작년에 돌아가신 아빠가 살아 계셨을 때 마지막으로 사주신 장난감, 부모님이 이혼하셔서 가끔 만나는 아빠가 지난달에 사주신 장난감, 엄마 고향에서 사 온 베트남 장난감. 아이들은 아무렇지 않아하며 덤덤하고 자랑스럽게 장난감을 소개했지만, 교사인 나는 울컥해서 몰래 눈물을 훔치곤 했다.

장난감 소개가 끝나자, 친구들에게 허락을 맡고 조심스럽게 장난감을 만지며 노는 아이들의 모습이 눈앞에 펼쳐진다.

아이들은 때로는 어른으로서는 상상할 수 없는 것들을 상상하고 계획한다. 그런데 어른들은 아이들 의견이라고 해서 허접하고 교육적이지 않을 거라고 간주하며 무시해버리는 경우가 많다. 학급 회의건 학생 자치건 어떠한 형식이나 방법이 되었건, 아이들 의견을 귀담아 듣고 교육과정에 녹여내보면, 다른 선생님들의 교육과정이 하나도 부럽지 않다. 우리만의 교육과정, 우리 반만의 살아 있는 교육과정이 만들어지곤 한다.

그래서 나는 오늘도 우리 반 아이들의 작은 목소리에 귀 기울여본다.

놀아주는 것과
함께 노는 것

교사라면 유난히 마음에 걸리는 아이가 한 명쯤 있게 마련이다. 한 명 한 명 다 소중하고 마음에 새기고 있긴 하지만 유난히 아픈 손가락이 존재하는 것처럼, 나에게도 아픈 손가락 같은 아이가 있다.

이 아이는 아직 한글을 모른다. 할아버지와 할머니, 그리고 아빠와 누나들과 함께 살고 있는 아이. 집을 나간 엄마가 보고 싶다고, 어버이날 못 쓰는 한글로 편지를 두 장씩 쓰는 아이. 누구보다 솔직하고 순수하며, 만들기를 잘하고 춤을 잘 추는, 끼가 많은 아이. 멕시코에 꼭 가보고 싶다는 아이. 멕시코 사람같이 생겨서 멕시코에 가고 싶다고 해서, 나를 웃게 만드는 아이. 그래서 언젠가는 학교에 남아 나와 둘이서 멕시코 영상을 함께 보았던 그 아이.

그 아이, 은우가 몸이 아팠다. 학교를 마치고 병원에 바로 가야 할 것 같다고 아버님과 통화하고 아이를 보냈다. 한참 후 병원에도 가지 않고, 선생님이 보고 싶다며 머리를 빼꼼 내밀며 교실 문을 열고 들어온다. 내가 나이를 먹은 건지, 이제는 어린 아이들과 신나게 놀아주지를 못하겠다. 그래서 우리 둘은 한참 동안 어색하게 앉아 있었다. 나는 은우에게 미안해서 교실에 있는 장난감도 줘보며 노력 아닌 노력을 해보았다.

시간이 좀 지난 뒤에 우리 반 정규가 교실에 들어왔다. 정규를 반가워한 건 먼저 와 있던 은우가 아니라 은우와 놀아주고 있던 나였다.

"이제 친구랑 같이 놀아~"

내 말이 떨어지기가 무섭게, 먼저 온 은우가 하고 있던 성 쌓기 놀이에 정규가 벽돌 하나를 얹어놓으며 놀이에 동참한다. 그 모습이 너무나도 예뻐 한동안 바라보았다.

'이게 친구의 힘이지. 나는 놀아주려고 노력했지만 그냥 함께 노는 게 친구 아닐까.'

함께 만든 성이 완성이 되자 정규가 말한다.

"선생님, 우리가 만든 이 성, 사진으로 찍어서 우리 엄마랑 얘네 엄마한테랑 보내주세요."

그러자 옆에 있는 은우가 조그맣게 말한다.

"우리 엄마는 아빠랑 싸우고 집 나가셔서 못 봐."

친구의 솔직한 고백에 정규는 한동안 아무런 말도 하지 못한다. 그리고 말없이 성을 다시 쌓는다.

　교사인 나는 알고 있다. 아무런 말도 하지 못한 정규도 사실 작년에 아빠가 돌아가셨다는 것을.

　그렇게 돌아가신 아빠의 빈자리가 큰 아이와, 집 나간 엄마의 빈자리가 큰 아이는 친구가 되었다. 아이들은 그렇게 서로의 아픔을 말없이 공감하고 위로하며 함께 나아갈 것이다. 아니, 그런 거창한 위로가 아니더라도 그들은 서로를 위해 놀아주기보다 그저 함께 놀 수 있는 그런 친구가 될 것이다.

　얼마 뒤 은우가 동시를 한 편 써 와서 내게 보여주었다. 이 시다.

친구
서은우

2학기 때
새로운 반에 왔다.

그때
정규를 만났다.

정규가
나한테 말을 걸었다.

나하고 친구하자.
내가 좋다고 했다.

정규와 나는
친한 친구.

교사로서 나는 어떤 아이에게는 아빠가, 또 다른 아이에게는 엄마, 삼촌이 되어주고 싶다. 그리고 친구가 되어주고 싶다. 그런데 내가 다 못 하는 자리를, 나보다 더 가까이 다가가 공감해주는 존재가 있다. 나는 1년밖에 옆에 있을 수 없지만, 그들의 인생에서 쭉 함께 있어줄 존재. 바로 친구!

구구단
선생님

"칠일은 칠, 칠이 십사, 칠삼 이십일, 칠사 이십팔, 칠오 삼십오, 칠육 사십, 아니, 칠육에······ 칠육에······."

요즘 우리 반 교실은 구구단을 외우느라 시끌벅적하다. 2학년이 되면 수학의 중요한 기로에 서게 된다. 구구단을 암기하는 자와 암기하지 못한 자. 여기서 낙오되면, 이후에 계속되는 수학의 여정에서 큰 난관에 부딪히게 된다. 기다려주거나 속도를 맞춰줄 여유가 없는 우리나라 교육 안에서는 더더욱 그렇다.

나의 초등학교 2학년 때가 기억난다. 나도 7단을 못 외워 학교에 남았던 것 같다. 초반에는 외우기가 수월하다가도 칠칠, 칠팔까지 가면 머리가 뒤죽박죽이 되어 여간해서는 통과하기가 쉽지 않았다. 더듬더듬 하나하나 외워가는 아이들의 모습을 보니, 그 마음에 깊이 공감하게 되었다.

3학년에 올라가기 전, 구구단과 한글만큼은 누구 하나 낙오
자 없이 올려 보내야 한다는 사명감으로, 각오를 단단히 하고
2단원에 들어갔다. 하지만 속도에서 차이가 날 수밖에 없다.
이미 집에서 부모님의 특훈 아래 9단까지 다 외워온 아이가
있는가 하면, 2단 이후로는 발전이 없는 아이도 있다.

　'어떻게 이 아이들을 끌어올릴 수 있을까?'

　교사인 나 혼자만의 힘으로는 불가능했다. 아이들의 힘이
필요하다. 학급 회의 시간에 함께 논의하기 위해 안건으로 준
비해두었다. 주말에 이 안건에 대해 미리 생각하고, 각자 생각
한 방안을 일기에 써 오게 했다. 물론 부모님과도 함께 고민해
보라고 숙제를 내주었다.

　월요일 아침 학급 회의 시간. 칠판에 다음과 같이 크게 적
었다.

　　구구단을 아직 외우지 못한 친구들을 어떻게 도울까요?

아이들이 다양한 의견을 낸다.

"칠판에 구구단 곱셈표를 붙여놔요."

"구구단 노래를 아침마다 다섯 번씩 불러요."

"짝꿍이 알려줘요."

"모둠에서 책임지고 서로 알려줘요."

좋은 의견이 많았다. 각 의견의 장단점을 놓고 열띤 토론이 펼쳐졌다. 저마다 생각이 달라서 의견은 좀처럼 좁혀지지 않았다.

"여러 의견이 나왔는데요, 아직 구구단을 외우지 못한 친구들이 칠판에 쓰인 여러 방법 중 자기에게 맞는 방법을 택해서 포스트잇에 써오세요."

구구단을 아직 외우지 못한 아이들이 쉬는 시간에 저마다 선택한 방법을 포스트잇에 적어왔다.

'짝꿍이 저의 수학 선생님이 되고, 저는 배워볼게요.'

'우리 모둠에 두 명은 다 외웠고 두 명은 아직 못 외웠으니 서로 알려줄게요.'

대부분의 아이들이 친구들에게 도움을 받는 방법을 선택했다.

그렇게 구구단 공부가 시작되었다. 그다음 날부터 아침 시간, 쉬는 시간마다 한 명 두 명씩 구구단 시험에 도전하기 위해 나를 찾아오기 시작했다.

"3단 도전할게요. 삼일은 삼, 삼이 육, 삼삼 구…… 삼구 이십칠."

떨리는 순간을 극복하고 마침내 통과했다.

'어떻게 외웠을까?'

쉬는 시간에 아이들의 행동을 유심히 살펴보았다. 일명 '구구단 선생님'들의 활약이 대단했다. 나 같으면 인내심의 바닥을 드러내며 포기하고 말았을 그 어려운 과제를 해내고 있었다.

어떤 선생님은 '3×1=□, 3×2=□' 이런 식으로 공책에 써주면서 네모 칸에 답을 쓰게 했다.

어떤 선생님은 자기만의 노하우를 맘껏 전수하기도 한다. "5단은 5하고 0밖에 안 나와."

어떤 선생님은 노래로 알려주기도 하고, 또 어떤 선생님은 친구의 눈을 가리고 시험을 보게 하기도 했다. 저마다의 방법으로 구구단을 가르쳐주는 모습이 퍽 인상적이다.

'너희들, 참 좋은 선생님이구나!'

화도 한번 내지 않고 웃으며 친구를 도와주는 선생님들의 활약을 지켜보니, 진짜 선생님인 나도 배울 점이 참 많았다.

"선생님! 저 4단 도전이요!"

"그래? 그럼 구구단 선생님이랑 같이 나와."

"여기 시험 의자에 네가 앉고, 구구단 선생님은 뒤에 서 있어."

자신이 가르친 아이가 구구단을 외우는 동안, 구구단 선생님은 침을 꼴깍 삼키며 그 결과를 지켜본다. 자신의 제자가 구구단을 다 외우는 순간, 구구단 선생님들은 함성을 지르며 가르친 학생보다 더 기뻐한다.

'이게 선생님 마음인데, 이제 좀 알겠니?'

"통과~ 스티커는 구구단 선생님이 직접 붙여주세요."

그동안 내가 체크해왔던 스티커를 구구단 선생님이 훈장처럼 직접 붙여줄 수 있는 영광을 주었다.

어깨동무를 하며 들어가는 구구단 선생님과 제자들. 현재의 성공에 만족하지 않고, 그다음 단을 외우기 위해 바로 책상에 앉는다. 그리고 다시 구구단을 가르친다. 저마다의 방법으로.

우리에게는 저마다의 선생님이 있다. 구구단을 잘 외우는 구구단 선생님이 있고, 팽이를 다른 친구들보다 조금 더 잘 돌리는 팽이 선생님도 있다. 글씨를 예쁘게 잘 쓰는 선생님이 있고, 연필을 잘 잡는 선생님도 있다. 군것질을 잘해서 학교 주변의 문구점 및 가게 메뉴들을 다 꿰고 있는 군것질 선생님도 있고, 부모님이 밤늦게까지 야근하시기 때문에 혼자서 밥을 차려 먹어야 하는 요리 선생님도 있다. 고학년 아이들을 가르칠 때는 축구 잘하는 선생님, 고기 잘 굽는 선생님, 라면 잘 끓이는 선생님, 옷을 예쁘게 입어서 옷을 잘 골라주는 선생님도 있었다.

아무리 어린아이라도 저마다 끼가 있고 배울 점이 있다. 나는 너에게 너는 나에게. 서로가 서로에게 선생님이 되어주기에, 때로는 내가 제자가 되는 것도 부끄럽지 않다. 부끄러우면 또 어떤가? 배움과 성장을 위해 때로는 부끄러움도 이겨낼 용기가 필요하지 않을까?

나도 오늘 한 수 배웠다. 나보다 구구단을 잘 가르치는 구구단 선생님들을 보며, 나도 이 어린아이들에게 배워보려는 용기를 내보았다. 미술 시간에 색칠하기, 만들기, 종이 접기, 정리 정돈하기 등 아이들은 평소에도 나의 선생님이 되어주고 있다. 그렇기에 나는 오늘도 우리 반 한 명 한 명 모두에게 배우는 중이다.

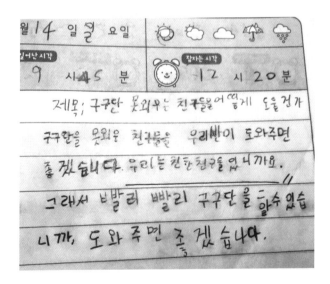

비와
당신

우리 학교는 강당이 본관 건물과 멀리 떨어져 있다. 그렇다 보니 체육 시간 때마다 이동하는 것이 여간 힘든 게 아니다. 특히 비라도 내리는 날은, 우산을 들고 신발 주머니를 챙기느라 정신이 하나도 없다.

비 소식이 있던 어느 날, 어김없이 2학년 짱구반 아이들을 데리고 강당으로 향했다. 그런데 수업이 끝날 무렵 갑자기 장대같은 비가 쏟아지기 시작했다. 교실로 돌아갈 길이 막막했다. 분명 강당으로 올 때는 비가 오지 않았는데, 이게 웬 낭패란 말인가. 준비성이 투철한 한두 명(교사인 나를 제외하고) 말고는 모두 우산을 챙겨오지 않았는데 말이다.

우리는 꼼짝달싹 못 하게 되었다. 오도 가도 못할 상황에 빠진 우리. 게다가 다음 시간은 내가 기다리고 기다리던 전담 시간인데 말이다.

"아~ 고지가 눈앞인데……."

그런데 그때 우리의 구세주가 등장했다!

다음 시간이 체육인 4학년 학생들이 우산을 쓰고 강당으로 오고 있었다. 정현종 시인의 시 「방문객」의 한 구절처럼 실로 어마어마한, 한 사람의 일생이 오고 있었다. 우리의 꿈과 희망을 위해 우산을 들고 말이다.

짱구반 아이들은 4학년 언니, 오빠, 형, 누나들의 양팔에 팔짱을 끼고 무사히 교실까지 돌아올 수 있었다. 2학년과 4학년의 만남, 선배와 후배의 만남. 그리고 팔짱 속에 느껴지는 서로의 체온과 따뜻함. 우리는 서로를 느끼며, 비를 피해 무사히 돌아올 수 있었다. 누가 시키지도 않았는데 말이다.

그렇게 한참을 걸어가는데, 교실에 갔다가 되돌아오는 아이들이 보인다. 준비성이 투철해 우산을 준비해온 덕분에 먼저 출발한 아이들이었다. 오지 못하고 있을 선생님과 친구들을 위해 우산꽂이에 있는 우산을 몽땅 챙겨서 온 것이다. 마치 갑자기 비가 오면 사랑하는 자녀를 위해 우산을 가지고 학교 앞에 데리러 가는 엄마처럼. 이 순간 우리 아이들은 나의 보호자가 되었다.

하얀 백지에
그림 그려 넣기

내 가슴에 박혀 있는, 아픈 손가락 같은 아이, 은우. 동화에나 나올 것 같은 아이.

콧물을 찔끔찔끔 흘리고, 새까맣게 그을린 피부는 누가 봐도 시골 아이 같다. 끼가 많고 흥이 많은, 멕시코 사람처럼 생긴 아이가 어느 날 학교에 남아 나에게 이렇게 물었다.

"선생님, 멕시코에 가보셨어요?"

멕시코랑 너무 잘 어울리는 아이가 그렇게 물으니 웃지 않을 수가 없었다. 이 녀석이 멕시코를 어떻게 알고 자기랑 어울리는 멕시코에 가고 싶어 하는지 참 재미있었다.

은우는 아직 한글을 잘 몰라서 수업 시간에 집중을 잘 못한다. 다소 산만할 뿐이지 악의는 없는 아이인데, 산만한 행동 때문에 몇몇 친구들은 은우가 자신을 괴롭힌다고 생각한다. 1학기에 은우는 수업 시간에 다른 아이들이 무언가를 쓸 때, "선생님, 알려주세요"라며 책을 들고 앞으로 나왔다. 나는 내 책상을 내주며 그 아이만의 속도로 함께 글을 써 내려갔다 .

1학기가 그렇게 끝나가던 여름방학 전날, 나는 성장형 평가 통지서에 이렇게 썼다.

은우는 끼가 많습니다. 만들기부(학생 동아리)에서 뛰어난 재능을 보여서 선생님께 칭찬을 받았습니다. 몸이 유연하여 신체적인 능력도 탁월합니다. 아직은 한글이 익숙하지 않아 공부를 하는 데 어려움이 있습니다. '난독증 검사'를 통해 은우가 한글 모음 중 'ㅑ, ㅕ, ㅠ, ㅛ, ㅡ, ㅣ'를 모르고 있고 몇몇 자음도 아직은 익숙지 않다는 걸 알았습니다. 특히 받침이 있는 글자를 읽는 데 어려움이 있습니다. 방학 중 은우 아버님께서나, 아니면 누나들이 은우에게 짧은 그림책을 자주 읽어주었으면 좋겠습니다. 방학식 날 은우 누나 편에 그림책을 몇 권 보내도록 하겠습니다. 어른이 되면 꼭 멕시코에 가보고 싶다는 은우의 이야기를 듣고 멕시코 영상을 함께 시청했습니다. 지금처럼 은우가 잘 성장해서, 많은 끼를 가지고 멕시코에 가게 되는 날을 꿈꿔봅니다.

편지를 읽고 아버님께서 감동하셨는지, 아니면 위기 의식을 느끼셨는지, 방학 중에 두 번이나 전화를 하셨다.

"선생님, 이제 아들에게 관심을 갖고, 한글을 가르치기 위해 공부방에도 보내고 관리를 해야겠어요"라고 하셨다. 아버지의 관심 어린 전화를 받고 마음이 좋았다.

그리고 나는 난독증인 이 아이에게 어떻게 하면 한글을 잘 지도할 수 있을지 고민해보았다.

방학이 끝나고 2학기가 되었을 때, 아는 선생님으로부터 한글 관련 교재를 선물받았다. 그 교재를 가지고 은우와 공부를 시작했다. 저학년은 처음인 데다 한글 지도도 난생처음인 나는 두려움을 안고 첫 걸음을 떼어보기로 했다.

방과 후에 첫 수업을 시작했다. 은우가 1학기 때보다 읽기 실력이 많이 향상되어 있어서 놀라웠다. 수업 시간에 읽기를 시켜보았는데 제법 또박또박 잘 읽어서 친구들도 놀랐다. 함께 박수를 쳐주고 기뻐해주었는데, 이렇게 직접 공부를 시켜보니 아이의 성장을 실감할 수 있었다.

한편으로는 놀기 좋아하는 은우가 아빠에게 떠밀려 방학 내내 공부방에서 아등바등 공부했을 생각을 하니 짠하기도 했다. 하지만 성장을 위해서는 성장통이 있기 마련이다. 힘을 내자, 은우야!

한글 공부는 먼저 'ㅏ, ㅑ, ㅓ, ㅕ, ㅡ, ㅣ' 가벼운 모음부터 시작했다. 모음을 쓸 때 순서를 전혀 모르고 그리듯이 쓰는 은우에게 한 자 한 자 쓰는 법을 천천히 가르쳐주었다. 처음에는 자기가 쓰고 싶은 대로 계속 그리듯이 쓰다가, 세 번 네 번, 그리고 열 번 반복해서 쓰다 보니 제법 바르게, 획 순서도 맞게 쓴다. 나도 모르게 그만 "옳지!"라는 말이 터져 나왔다.

"오늘은 여기까지만 할까?"

"아니요, 옆에 쪽까지만 해요."

그렇게 은우와 'ㄱ, ㅋ'까지 진도를 나갔다. 저학년이 쓰는 네모난 국어 공책을 줘야겠다 싶어, 공책이 많이 들어 있는 나의 캐비닛을 열었으나 고학년을 오래 맡았던 나에게는 고학년용 공책만 있었다.

"선생님이 주말에 사다 줄게. 오늘 은우, 공부 너무 열심히 했어. 계속 이렇게 하다 보면 2학년 마치기 전에 한글을 다 읽고 쓸 수 있을 거야."

그렇게 은우와의 첫 수업을 마쳤다.

교사가 된 이후로 그런 기분은 처음이었다. 하얀 백지 위에 처음 점을 찍어 글자 하나를 쓴 느낌. 하얀 화선지에 검은 먹을 갈아 붓으로 글을 쓰려 할 때의 그 떨림, 너무 떨다 보면 먹물이 하얀 백지 위에 뚝뚝 떨어져 번지는 그 느낌. 그렇게 내가 알려준 대로 아이의 삶에 첫 글자가 그려졌을 때, 상상할 수 없는 떨림과 감격이 내 마음속 깊은 곳에서부터 솟아올랐다.

교사는 무엇으로 힘을 얻을까? 쉼? 여유? 자율성? 나는 무엇보다 교사는 감동을 먹고 살아간다고 생각한다. 교실과 내 삶에서 아이(영혼)를 통한 이런 감동과 감격으로 힘을 얻고, 다시 일어서서 가르친다.

이 아이와 함께한 30분의 한글 지도 시간을 통해 나는 다시 한번 뜨거운 감격을 얻었다. 그리고 한 아이의 삶에, 내가 한 부분 혹은 한 점이라도 영향(도움)을 줄 수 있음이 무척 감사했다.

며칠 뒤 은우는 수업을 마치고 태권도 학원에 갔다가, 집에 가지 않고 선생님을 보러 다시 교실을 찾아왔다. 그렇게 나를 보러 온 아이와, 놀아줄 수 있는 순수함을 잃은 아저씨 선생님. 어떻게 놀아줄까 고민하다, 나의 캐비닛에 있는 간단한 레고 키트를 내어주었다.

"한번 만들어볼래?"

아이에게 레고 친구를 만들어주고 나는 밀린 업무를 처리하고 있었다. 한 시간쯤 지났을까? 끙끙거리며 레고를 하던 아이가 다 만들었다며 가지고 왔다.

'다 못 만들 줄 알았는데…….'

"선생님, 이거 내일 가져갈게요."

"오늘 집에 안 가져가고?"

그 순간 나는 이 아이의 마음을 알아차릴 수 있었다. 집에 가져가고 싶지만, 다 만든 것을 친구들 앞에서 한번 자랑해주기를 바라는 것 같았다.

"그래, 그럼 월요일에 선생님이 친구들한테 이거 한번 구경시켜줄게. 그리고 월요일에 가져가."

그렇게 나는 퇴근할 때 아이와 손을 잡고 교실 문을 나섰다.

틀려도
괜찮아

아주 오래전, 정확히 27년 전 일이다. 내가 초등학교, 아니 국민학교에 입학해서 1학년 때였다. 아마 이것이 내가 기억하는 최초의 시험일 것이다. 지금으로서는 상상할 수 없겠지만, 아직 학교생활에도 적응하지 못하고 한글도 제대로 떼지 못했을 그 1학년 때, 우리는 국어, 수학, 바른 생활, 슬기로운 생활, 이렇게 네 과목을 시험 본 것으로 기억한다.

'올백'(지금 세대에서는 사용하지 않을 것 같은 이 단어는, 모든 과목을 100점 맞았다는 뜻이다)을 맞은 학생은 선생님이 업고 교실 한 바퀴를 돌아주셨다. 나뿐만 아니라 모든 아이들에게 선생님 등에 업혀 교실 한 바퀴를 도는 건 꿈같은 일이었다.

선생님이 채점한 시험지를 한 장씩 돌려받는다. 100점, 100점, 100점. 이제 한 과목만 더 100점이면 선생님 등에 업혀 친구들의 부러움을 한 몸에 받으며 교실 한 바퀴를 돌 것이다. 마지막 시험지가 나에게 도착했고, 빠르게 앞뒤를 살펴본 결과

틀림을 나타내는 '작대기'는 존재하지 않았다.

"올백 맞은 친구는 앞으로 나오세요."

나와 내 친구 4번 병호(번호까지 기억하는 나의, 상상을 초월하는 기억력에 경의를 표한다)가 앞으로 나갔다. 그날 우리 둘은 선생님 등에 업혀 교실 한 바퀴를 도는, 생애 최초의 영예를 얻었다.

기분 좋게 수업을 마치고 집에 돌아오자마자, 100점 맞은 시험지 네 장을 부모님께 보여드리고 싶었다. 가방에서 시험지를 한 장 한 장 꺼냈다. 그런데 이게 웬일인가.

아까는 분명 보이지 않았던 작대기가 떡하니 있지 않은가? 나는 분명 그 작대기를 보지 못했었다. 선생님 등에 업히는 게 소원이긴 했지만, 그렇다고 해서 거짓말을 할 만한 용기는 없었다. 가슴이 쿵쿵거렸다. 이를 어쩜담? 부모님께도 보여드려야 하는데…….

결국 어린 내가 찾아낸 방법은, 틀린 답을 고치는 것이었다. 다행히 그 문제에는 오답이 적혀 있지 않았다. 분명 내가 아는 문제였는데 답을 안 쓰고 넘어간 것이다. "우리가 복도를 다닐 때는 어느 쪽으로 걸어야 할까요?"라는 문제였다. 다행히 오답이 없었기 때문에 지울 필요가 없었다. 빈칸에 티 안 나게 '왼쪽'(현재에는 우측통행이나 그 당시에는 좌측통행이었다)이라고 썼다. 이제 작대기를 동그라미로 바꾸는 게 문제였다. 사선을 최대한 부드럽게 곡선으로 만들어 정답으로 바꾸었다.

이 기억이 내가 지금의 아이들을 이해하는 중요한 열쇠가 되고 있다. 요즘은 이렇게 시험을 보지도 않는데, 2학년 아이들은 어디서 작대기의 의미를 배웠는지 작대기 하나에도 몸서리를 친다.

수업 시간에 한 모둠에서 말다툼이 일어났다. 말다툼을 하는 아이 둘에게 왜 싸우느냐고 물어보았다. 싸우는 이유는 다름 아니라 작대기 때문이었다. 모둠 학습을 위해 서로 답을 채점해주고 '개미 수학'(우리 반에서 사용하는 협동 수학 문제 풀이 학습법)을 하는 도중에, 답을 틀린 아이가 고치려고 했는데 친구가 가차 없이 작대기를 그었다는 것이다. 이 아이뿐만 아니라 많은 아이들이 자기가 푼 문제나 활동지에 작대기 긋는 것을 무척 싫어한다. 그래서 한동안은 작대기 대신 세모도 그려보고 별표도 사용해보았다.

아직 2학년밖에 안 된 아이들이 벌써부터 '틀림'의 공포에 휩싸여 있다.

"선생님, 작대기 긋지 말아주세요. 금방 고쳐서 올게요."

그렇게 눈물을 글썽이는 아이를 보며 가슴이 아팠다. 그날부터 아이들에게 끊임없이, 틀리는 것을 두려워하지 않도록 가르쳤다. 틀리는 것은 새로운 것을 배울 수 있는 기회이고, 틀림으로 인해 친구들도 새로운 것을 알게 된다는 것도 가르쳤다. 오답의 힘을 가르쳤다. 계속해서, 반복적으로.

누구나 틀릴 수 있는 답은 친구들에게 소개하고 게시판에 게시했다. 자신의 오답을 친구들에게 알려주고 공유하는 것도 즐겨 하도록 했다. 그리고 틀린 문제는 끝까지 해결하게 해줘서 성취감을 느끼도록 했다. 그러자 아이들이 달라지기 시작했다. 틀린 답을 부끄러워하며 가리고 숨겼던 아이들이, 작대기를 두려워하지 않는다.

"선생님, 한 문제 더요! 이번에는 맞힐 수 있을 것 같아요."

그렇게 우리 아이들은 실패를 경험했을 때 좌절하지 않고 도전하는, 인생의 작은 배움을 얻어간다.

며칠 뒤 주말 오후에 아내와 함께 스타벅스에서 잠깐 휴식 시간을 보내고 있었다. 내게 쉼의 원천이 되어주는 책마저 내려놓고, 한 시간째 아무것도 안 하고 '멍 때리며' 있었다. 건너 테이블에 수학 문제를 푸는 아이가 보인다. 아이 앞에 놓인 문제집에는 동그라미보다 작대기가 더 많이 보인다. 아이는 몹시 괴로워하며 자기를 이 테이블로 보낸 부모를 원망하는 눈빛으로 바라보고 있다. 동시에 입으로는 투덜투덜, 속으로는 끙끙대고 있다. 내가 괜히 미안했다.

울보 아이
고치기

우리 반에는 울보 아이가 한 명 있다. 나도 평소에 눈물이 많아 울보로 통한다. 하지만 이 아이의 눈물은 유별나다. 2학년 아이이니까 우는 것이 당연할 수도 있다. 하지만 우는 횟수와 울 때의 내면적 고립이 조금 지나치다.

이 아이가 특히 자주 우는 시간은 체육 시간이다. 피구를 하다 공에 맞으면 "친구가 나만 맞혀요"라며 울고, 놀이 중 술래가 되면 "친구들이 나만 잡아요"라며 운다. 결론은 자기만 항상 억울한 사람이라는 거다. 한번 울기 시작하면 자기만의 세계로 한없이 파고든다. 한쪽 구석에 가서 누가 불러도 들은 체도 안 하고 억울한 감정에만 몰입한다.

이 버릇을 고쳐보려고 '외면하기' 방법도 써보고 호통도 쳐보았다. 살살 달래며 이야기도 나눠봤지만, 순간적으로 아이 마음속에 올라오는 서운함과 억울함이 잘못된 방식으로 표출되는 것은 좀처럼 고쳐지지 않았다. 친구들도 맨날 우는 그 아이에게 불만이 많았다.

그러던 어느 날이었다. 나는 점심을 먹을 때만이라도 정신적 안식을 취하기 위해 동료 선생님들과 함께 밥을 먹는 편이다. 물론 옆 테이블에 앉아 있는 아이들을 유심히 지켜보며 혹시나 모를 사태에 대비는 하고 있다. 하지만 나의 바람과는 달리 아이들은 나를 간절히 원한다.

"선생님, 오늘은 우리랑 같이 밥 먹어요."

'언제는 같이 안 먹었남…….'

아이들이 강력하게 원하면 희생양이 되어야 한다. 아이들 한가운데 앉아 밥을 먹기 시작한다. "선생님, 제가요." "선생님, 저는요, 주말에…….""선생님, 오늘 수빈이가 어땠는지 아세요?" 내가 옆에 앉자 아이들의 말문이 터지기 시작한다. 온갖 삶의 이야기를 우르르 쏟아낸다. 밥이 코로 들어가는지 입으로 들어가는지 모르겠다.

그런데 내 옆에 앉아 있는 그 울보 친구가 유난히 행복해한다. 나를 만지고 팔짱을 끼고, 좋아서 어쩔 줄 모른다.

"그렇게 좋아?"

"네. 맨날 선생님 옆에서 밥 먹으면 좋겠어요."

선생님을 독점하려는 그 아이의 말에, 주변 친구들이 한마디씩 볼멘소리로 핀잔을 준다.

내가 그렇게 좋을까? 내가 이렇게 사랑을 받아본 적이 35년

인생에서 또 있었던가?

나는 아이에게 장난삼아 말했다.

"우리 민재가 하루라도 안 울면 그날은 선생님이 민재 옆에 앉을게."

"진짜요?"

나는 알고 있다. 이 내기는 실패할 것이 불 보듯 뻔하다는 것을. 내일이면 나는 다시 선생님들과 함께 심신이 안정된 상태에서 밥을 먹을 것이다.

다음 날 민재에게 첫 번째 위기의 순간이 찾아왔다. 친구가 놀린다며 얼굴이 붉어지며 울락 말락 한다.

"어? 민재 우는 거야? 우는 거 맞지?"

그러자 민재가 갑자기 얼굴색을 본래대로 바꾸며 "아니거든요!" 하고 외친다. 몹시 놀라웠다. 아이가 처음으로 자신의 감정을 컨트롤한 것이다.

그렇게 1교시를 아슬아슬하게 넘기고 드디어 2교시가 되었다. 2교시는 체육인데, 민재는 분명 놀이를 하다 울 거라고 생각했다.

"자~ 오늘은 피구를 할 거예요."

체육 선생님이 오늘 할 운동을 설명한 다음 시합에 들어갔다. 우연인지 필연인지 공이 민재의 머리를 강타했다. 민재는 몸을 웅크리더니 울음을 터트릴 자세를 취했다. 이번에는 친구들이 먼저 이야기한다.

"너 울어? 어? 울기 시작하네……."

그러자 민재는 웅크린 몸을 펴더니 "나 안 울거든!" 하고 외쳤다. 그렇게 두 번째 위기이자 최대 난관인 체육 시간을 버텨냈다.

하지만 점심시간까지 넘어야 할 마지막 산이 민재를 기다리고 있었다. 쉬는 시간이다. 평소와 다름없이 아이들은 술래잡기, 보드게임 등 저마다 놀이를 하며 쉬고 있다. 민재는 친구들과 함께 보드게임을 했다. 그러다 수업 시작 종이 치자 아이들이 서둘러 자리에 앉는다. 하지만 민재는 혼자서 보드게임을 치우며 투덜대기 시작한다. 분명 억울한 일이다. 우리 반 보드게임 사용 규칙에는 '사용 후 정리 정돈하기'가 명시되어 있는데, 급한 나머지 친구들이 그냥 자리에 앉은 것이다. 나는 아이가 문제를 해결해가는 과정을 가만히 지켜보았다. 민재는 끝까지 울지 않았고, 친구들에게 같이 치우자고 정중하게 이야기했다. 친구들은 그런 민재의 모습을 보며 함께 도와 정리를 마쳤다.

나의 예상과는 전혀 다르게, 아이는 울고 싶은 마음이 들 때 울지 않는 메커니즘을 습득하고 있었다. 결국 나는 또다시 아이들에게 양팔이 묶인 채 반강제로 함께 점심을 먹게 되었다.

선생님 옆에서 밥을 먹으며 세상을 다 가진 듯 행복해 보이는 민재의 모습을 보니 웃음이 나왔다.

다음 날에도 민재는 울지 않았다. 나는 또다시 아이들 사이에 껴서 밥을 먹었고, 선생님이 민재 옆에 앉아 밥을 먹는 것을 누구 하나 불평하지 않았다. 친구들도 민재의 달라진 모습을 보며 함께 감동하고 있는 게 틀림없었다.

이제는 하루로 하면 안 되었다.

"이제 내기 그만할래. 하루 말고 일주일 동안 안 울면 금요일 점심때 민재 옆에서 밥 먹을게."

사실 며칠간 선생님을 독점한 것도 친구들에게는 미안할 일이었다. 선생님을 더 이상 독점할 수 없다는 걸 알아차린 민재는 일주일에 한 번도 좋다고 했다.

그리고 일주일이 흘렀다. 20번의 쉬는 시간과, 4번의 점심시간, 2번의 체육 시간에 위기를 맞았지만 민재는 울지 않았다. 하루만 지나면 약속했던 금요일이 된다. 이제 나도 민재가 울지 않기 미션을 꼭 완수해서 다음 날 정신없이 밥을 먹고 싶다.

한 명 한 명이 모두 다르다

대학원 수업에서 '개별화 교육'이라는 말을 꺼냈다가 공격 아닌 공격을 받았던 적이 있다. 그게 현실적으로 가능하느냐며 질타를 받았다. 나를 너무 이상적이라고 말해도 좋다. 하지만 나는 여전히 이상 속에서 살고 있다. 아이 한 명 한 명에게 필요한 교육과정이 다 다르다. 한 명 한 명에게 필요한 비계 scaffolding가 다르다. 한 명 한 명에게 필요한 성장이 다르다.

어떤 아이에게는 당장 한글을 습득하는 것이 필요하다. 어떤 아이는 자기만의 세계에서 빠져나와 객관적으로 자신을 살필 수 있는 성찰이 필요하다. 바르게 대화하는 법, 바른 자세로 공부하는 법, 완벽하게 하려 하지 않고 어깨에 힘을 빼는 법, 동시와 이야기를 쓰는 법, 구구단 7단을 외우는 법. 저마다에게 당장 필요한 성장의 부분이 다르다.

성장 과정을 거쳐 자라나게 될 나무의 모습과 열매의 모습도 다 다르다. 한 명 한 명에게 다른 교육과정의 길을 제시할 수 있는 것, 그것은 교사에게 무엇보다 중요한 전문성의 한 영역이라 생각한다.

이 모든 것은 매 순간 아이들을 깊이 관찰하고 아이들을 깊이 사랑할 때에만 볼 수 있는 영역이다. 천성적으로 전문성을 타고난 교사는 없다. 아이들이 보여주는 이 '경이로운 순간'은 노력하고 애쓰는 만큼 더 선명하고 다양하게 우리의 교실에서 펼쳐질 것이다.

이름표
만들기

3월 초에 선생님들은 무척 바쁘다. 그중 가장 중요하고 먼저 해야 하는 일은 '새로 만난 아이들과 관계 세우기'일 것이다. 그 관계 형성의 시작은 바로 '이름을 아는 것'이다.

교사는 입학식 이전에 학급 명렬표라는 것을 받는다. 반을 분반한 것은 내가 아니라 작년도 선생님들이다. 아이들의 특성과 여러 상황을 고려하여 반을 나누었으니, 내게는 선택권이 없다. 학교마다 다르겠지만 나는 지금까지 제비뽑기로 반을 배정받아왔다. 물론 만날 아이들에 대해 어느 정도 알거나 작년에 같은 아이들을 맡았던 선생님이라면 교사의 특성과 아이들의 특성에 맞게 반을 조정할 수도 있을 것이다. 하지만 그렇지 않은 경우에는 운명에 맡겨진다.

2월에는 새로 맡을 학급의 1년 농사 계획을 수립하기도 하지만, 학급 명렬표에 쓰인 아이들의 이름을 되뇌며 아이들의 모습을 상상하기도 한다. 마치 소개팅 나가기 전에 상대의 이름과 연락처만 알고 있을 때의 그 설렘처럼.

그렇게 우리는 3월을 맞고 아이들을 맞는다. 설렘과 떨림을 품고 '경이로운 순간의 장'인 교실로 들어선다. 그리고 제일 먼저 명렬표 순서대로 아이들의 이름을 부른다. 2월에 아이들의 이름만 보고 상상했던 모습과 들어맞은 경우는 단 한 번도 없다. 우리 아이들의 모습과 특성은 신이 부여한 60억 분의 1이기 때문이다. 한 명 한 명의 이름을 소중히 불러준 뒤, 그다음 날에는 꼭 이름표 만들기 활동을 한다.

이 이름표는 1년간 학급 자치 등 다양한 활동에 사용한다. 수학여행이나 현장체험학습에 가기 전 자리를 정할 때, 모둠을 정할 때, 짝꿍을 정할 때, 프로젝트 학습 모둠을 만들 때, 학급회의 투표를 할 때 등 그 용도가 다양하다. 아이들이 직접 만든, 세상에서 하나뿐인 이 이름표는 비가 오나 눈이 오나 1년 동안 우리 반 칠판에서 알토란같이 활약한다.

그리고 나는 해가 바뀌거나 아이들이 졸업하면 그 이름표를 추억의 상자에 그대로 보관한다. 언젠가 나에게 다시 찾아올 아이들을 위해 내 추억의 공간에 잘 저장해두는 것이다.

그런데 2학년을 맡으니 이름표 만들기를 할 수가 없었다. 저학년에게는 이 활동이 다소 어렵고 위험해서였다. 이름표가 필요하지만 이름표 없이 생활한 지 석 달째, 발도르프 교육(독일 발도르프 학교에서 시작된 대안교육)을 하고 있는 옆 반 선생

님이 너무나 예쁜 저학년용 이름표를 소개해주셨다.

원형 나무판에 자기 이름을 각자의 방식으로 예쁘게 꾸민 다음, 이름표 뒤에 목공용 풀로 자석을 붙이면 끝!

아이들은 자기 손으로 만든 이름표를 아주 좋아한다. 그리고 이 이름표를 자기들만의 방식으로 잘 활용한다. 우리 반은 모둠 형태로 수업을 하는데, 모둠장을 돌아가면서 맡는다. 아침마다 모둠장을 교체하는 '교체식'을 이 이름표를 활용해 하고 있다.

원형 나무판에는 구멍이 뚫려 있는데, 그 구멍에 줄을 끼우면 목걸이 이름표가 된다. 아이들 이름을 모르는 외부 강사가 수업을 할 때면 아이들은 이름표를 목에 걸고 수업에 참여하기도 하고, 게시판 작품에 이름을 붙일 때도 이름표를 사용한다.

나만의 특별한 이름표 사용법

교사들은 이름표를 하나만 만들지 않는다. 칠판용 이름표 외에도 사물함 이름표, 신발장 이름표, 게시판 이름표 등 용도에 따라 크기와 모양을 다르게 하여 다양한 이름표를 만들어 사용한다.

그런데 아이들의 활동성과 그 특별한 에너지는 이름표가 수명을 1년까지 채우도록 두지 않는다. 교사는 우리 아이들을 너무도 잘 알기에, 같은 용도의 같은 이름표도 하나만 만들지 않는다. 누군가의 이름표가 학기 중간에 망가지거나 떨어질지 알 수 없으니 최소 두세 개씩 여분을 만들어놓는다.

그렇다 보니 여분의 이름표가 서랍 안에 쌓여 있었다. 어느 날 서랍에 들어 있는 여분의 이름표를 보며 아이들이 묻는다.

"선생님, 이 이름표들은 어디에 쓸 거예요?"

"지금 쓰는 이름표가 떨어지면 이걸로 붙여주려고."

"계속 안 떨어지면요?"

그 순간 내 머릿속에 스포츠 경기의 벤치 선수가 떠올랐다.

야구에서는 대타 선수, 축구에서는 후보 선수, 농구에서는 식스맨이라 불리는 그들이다. 게임에 언제 투입될지 모르니 긴장한 채 실제 뛰는 선수들과 똑같이 뜨거운 심장을 가지고 준비하고 있는 그들. 뭔가 모를 짠한 마음으로 이 이름표들의 사용법을 고민해보았다.

그사이 한 아이가 내게 묻는다.

"저 그럼, 제 이름표 하나 가져도 돼요?"

나는 아이에게 이름표를 하나 주었다. 그리고 의식의 한구석에 그 고민을 넣어두었다.

며칠 뒤 책을 읽던 중이었다. 책을 좋아하는 나는 책을 돋보이게 해줄, 의미 있는 책갈피가 몇 개 있다. 이 많은 책갈피들은 우리 아이들이나 소중한 동료들이 선물해준 것들이어서, 책을 고를 때면 동시에 그 책과 어울리는 책갈피도 함께 고르는 것이 나의 거룩한 습관이 되었다. 그러나 그날은 책갈피를 미처 챙기지 못해, 읽다 멈춘 부분에 조심스럽게 책 날개를 접어 꽂아두었다.

수업이 끝나고 교실에 남아 책을 읽던 아이가 내 앞으로 나온다. 며칠 전 여분의 이름표를 보고 내게 질문을 던졌던 그 아이였다.

"선생님, 왜 책을 이렇게 놓으세요? 책이 구겨지잖아요."

"그러게, 오늘은 책갈피가 없어서……."

"이거!"

아이는 며칠 전 내게 받아간 이름표를 자신이 읽던 책에 책갈피로 꽂아놓은 것을 자랑하듯 보여준다.

"선생님도 이렇게 하세요."

그날 이후 그 후보 이름표들은 나의 책갈피가 되었다. 이 책갈피의 좋은 점이 있다. 책을 읽는 동안 한 아이의 이름을 계속 볼 수 있다는 것이다. 아이의 이름표를 볼 때마다 마음속으로 그 아이를 생각한다. 그리고 짧은 순간이지만 그 아이를 위해 기도한다.

지금도 내가 읽는 책에는 그 후보 이름표가 꽂혀 있다. 아니 이제는 그 이름표를 더 이상 후보 이름표라 부르지 않는다. 나는 이 이름표를 '사랑의 이름표'라고 부른다. 짧게는 이틀, 길게는 한 주. 한 권의 책을 읽는 동안 그 책을 쓴 작가의 삶과 만난다. 그와 동시에 한 아이와 깊이 사랑에 빠진다.

이름표 사용의 나쁜 예

위에 소개한 예와는 전혀 다른, 이름표 사용의 '나쁜 예'도 소개해보려고 한다.

때는 20여 년을 거슬러 올라간다. 중학교에 들어간 나는 떨리고 한편으로는 설레는 심정으로 교문으로 향했다. 그토록 입고 싶었던 교복을 입고 말이다. 교문 앞에는 무섭게 생긴 중년의 남자 선생님이 당구대 같은 나무 막대기를 들고 서 계셨다. 그 옆에는 형들이 몇 명 함께 서 있었다.

'저분들이 왜 저기에 서 계실까?'

가만히 보니 교문에서 두발 단속을 하고 있었다. 몇몇 학생들은 현장에서 즉시 처벌(뺨을 맞거나 바리캉으로 머리를 밀린다)을 받기도 하고, 몇몇은 교복에 단 이름표를 빼앗긴다.

"이름표는 점심시간에 찾으러 와라."

점심시간이 되어 이름표를 찾으러 다녀온 아이들은 대부분 다리를 절뚝거리거나 고통을 호소하며 교실로 돌아온다.

이 시대의 이름표는 학생의 자율과 학급 자치의 상징으로 사용되고 있다. 하지만 내가 학생이던 시절에 이름표는 통제의 수단이었다. 이름표를 가슴에 달고 다니는 동안 언제나 감시를 당했고, 이름표를 빼앗기는 순간 상상할 수 없는 고통을 받아야만 했다.

이제는 교실의 풍경이 많이 달라졌다. 한때 이름을 불리는 것이 공포와 두려움의 시작이었다면, 오늘날 교실에서 이름이 불린다는 것은 곧 김춘수 시인의 시구처럼 '아이들이 꽃이 되는 순간'이다.

TIP 이름표 만들기

준비물: 색 글리터지(접착식), 펠트지, 가위, 글루건

1. 문서 작성용 프로그램을 열고 아이들의 이름을 쓴다. ('POP 한글 글씨체'를 추천한다.)
2. A4 용지에 출력한 이름을 가위로 잘라서, 색 글리터지에 스테이플러로 고정시킨다. 이때 아이들이 각자 원하는 색으로 골라준다. 은색, 분홍색, 금색이 눈에도 잘 띄고 예쁘다. (여기까지가 교사의 역할이다.)
3. 아이들이 직접 색 글리터지에 고정된 자신의 이름을 가위나 칼로 오린다. 칼은 위험하므로 가위를 사용하는 것이 좋으나 'ㅇ' 같은 자음을 세밀하게 작업할 때는 칼이 필요하다.
4. 자음은 자음대로 모음은 모음대로 오린 것을 펠트지 위에 글루건으로 붙인다. (글리터지가 접착식이라면 글루건을 사용할 필요가 없다.)
5. 완성된 이름표에 자석을 붙여 사용한다.

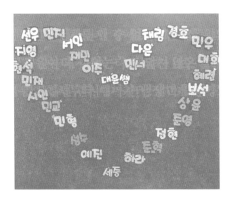

아이들은 이렇게 만든 이름표를 매우 좋아해서 칠판에다 이름표로 하트를 만들어놓기도 한다. 어느새 우리 반이 벌써 하나가 되었다.

짱구반 아이들의
시 쓰기 열풍

강압하지 않고 부드럽게 개입하여 사람들이 더 좋은 선택을 할 수 있도록 유도하는 방법을 뜻하는 단어 '넛지Nudge'. 학급 안에서도 넛지 이론은 유효하다. 아무리 좋은 것이라도 억지로 욱여넣으면 그 효과가 반감되는 경우가 많기에, 아이들 스스로 흥미를 갖고 실행할 수 있도록 여유 공간이 필요하다. 교실이 온통 교사가 가르치려 하는 인위적인 배움으로만 가득 차면, 아이들의 창의력과 끼가 발현될 틈이 없어지고 만다.

아이들이 스스로 좋은 선택을 할 수 있도록, 또 저마다 끼와 역량을 발휘할 수 있도록, 교사가 강압적이지 않고 부드럽게, 인위적이지 않고 자연스럽게 개입하는 것이 필요하다.

짱구반, 동시를 만나다

『달려라, 택배 트럭!』의 저자 임미성 선생님을 통해 연수를 듣고, 천에 마음에 드는 동시 한 편을 적었다. 그리고 그 시를 교실 칠판 한편에 붙여두었다.

시를 붙여놓은 다음 날, 아이들이 이상한 행동을 하기 시작했다. 한 아이가 시를 읽고, 운동회 상품으로 나눠 준 연습장에 시를 따라 적는다. 그러자 한두 명이 똑같은 행동을 하기 시작한다. 몇 분이 지나자 우리 반 아이들 대부분이 책상 앞에 와서 시를 옮겨 적기 시작한다. 그렇게 우리 짱구반과 시와의 인연이 시작되었다.

며칠 뒤 한 아이가 내게 와서 자기가 시를 쓰고 있다고 한다. 아이들이 쉬는 시간마다 나에게 와서 하는 이야기들이 때로는 소음처럼 들리고 나를 힘들게 할 때도 있다. 하지만 마음이 여유롭고 행복할 때에는 그 이야기도 천사의 목소리로 들린다. 그때 그 아이의 목소리가 천사의 말처럼 들렸다.

시를 쓴다고? 정말로? 내가 가르치는 아이들이 시를 쓰기 시작하다니!

처음 써보는 동시인지라 연과 행 구분도 없는 시를 써 온다. 아이를 살짝 도와가며 연과 행을 구분해주니 멋진 동시가 완성되었다. 그런 뒤 옆에 그림도 그려보라고 조언을 해주었다. 마침내 탄생한 짱구반 최초의 동시!

수박

수박은 씨가 있다
그래서 씨를 뱉을 때마다
얼굴에다가 뱉으면 재미있다

수박은
큰 것도 있고
작은 것도 있다

큰 것은 달기도 하고
안 달기도 하다
작은 것은 달다

녀석의 마음이 기특하여 작가로 등단시켜주었다. L자 파일 하나와, 라벨지, 그리고 아이를 위한 약간의 마음과 시간만 투자하면 가능하다.

아이의 시집이 탄생했다. 계속해서 시를 써서 파일에 모아 두기 시작한다. 동시를 매개로 그 아이와 나는 사랑에 빠졌다.

자신의 시를 아끼고 자신에게 관심을 가져주는 선생님의 마음을 느낀 것일까? 그 아이는 나를 너무나 좋아하게 되었고, 방학까지 13일밖에 안 남았다며 눈물을 흘렸다. 쉬는 날에도 학교 가고 싶은 마음에, 주말에 자기도 모르게 가방을 들고 학교에 왔다나? 믿거나 말거나…….

짱구반 첫 동시 작가가 탄생하니 질투가 났을까? 우리 반 아이들이 동시에 관심을 갖기 시작한다.

"나도 동시 잘 쓰는데! 저도 집에서 써 올게요."

한 명 두 명 동시를 써 오기 시작한다.

"그래! 너도 이제 동시 작가야! 시집 만들어줄게."

예상치 못한 선물

똑똑똑, 노크 소리에 문을 열어보니 선배 선생님이었다.

"이 책, 선물이야."

내게 건네주신 책은 『손바닥 동시』였다.

"안 그래도 아이들에게 어떻게 하면 동시를 잘 가르칠 수 있을지 고민하고 있었어요."

"무조건 많이 읽어줘."

이렇게 생각지도 못한 선물을 받게 되었고, 이 책으로 하루에 한두 편씩 아이들과 동시를 함께 읽고 써보기로 했다.

내가 칠판에 동시를 써주면, 아이들은 동시 기록장에 따라서 쓴다. 그리고 칠판에 쓴 시 아래에는 하루에 두 명씩 짝을 지어 그 시를 읽고 떠오르는 그림을 그린다. (두 명으로 정한 것은, 혼자서 그리면 흥미가 떨어지기 때문이다. 친구와 함께 그리면 더 신나고 재미있다. 협동심도 길러지고 우정도 생긴다.) 이런 사소한 활동도 저학년에서는 나름대로 학급 자치이다. 아이들이 스스로 정하고, 교사인 내가 신경 쓰지 않아도 알아서 진행되는 일들이 몇 가지 있다. 이 동시 그림 그리기도 아이들 사이에서 순서대로 잘 진행되고 있다.

아이들은 처음에는 단순히 비슷하게 패러디하는 수준에서 동시를 쓰기 시작했지만, 점차 발전하여 자기만의 동시를 써 나가게 되었다. 점점 동시가 삶이 되더니, 나중에는 자기 생각(불만, 행복, 미움, 아픔 등의 감정까지)도 동시로 표현해내며, 삶을 담은 글쓰기에까지 이르게 되었다.

이런 열정으로 심지어 화장지에도 동시를 써 왔다. 때로는 내가 한지 등 예쁜 종이를 내어주는데, 화장지에까지 시를 써 오는 아이다운 열정을 보니 흐뭇하기 그지없었다.

짱구반 아이들의 동시 작품

부채
임지수

더울 때만 쓰는 부채
부채도 편리하고 좋은대
거이 선풍기, 에어컨
그런 전자제품만 써
그런 건 돈도 들고 그런대
부채는 돈도 안 들고 좋잖아

내가 참 좋아하는 시. 에어컨 바람만 좋아하는 이 시대에, 전기도 안 드는 친환경 바람인 부채 바람이 최고지! 이 시를 읽은 후로는 나도 웬만하면 부채를 이용하게 되었다.

이 시는 너무 기발해서 칠판에 적고 아이들에게 소개해주었다. 필통에 선생님도 넣을 수 있을까? 라는 생각을 하다니. '늘 수 있을까'라는 표현은 '넣을 수 있을까'로 맞춤법 교정을 해줄까 싶었으나, 고치면 이 동시의 느낌이 사라질 것 같아서 살려주었다. '시적 허용'이랄까.

필통
백윤지

필통은 뭐든지 늘 수 있어
필통에 연필도 늘 수 있어
선생님도 늘 수 있을까

지우개
백윤지

지우개는 뭐든지 지워지지
지우개는 이상한 글씨도 다 지워지지
지우개는 마술사

「지우개」라는 이 시는 수업 때 활용한 동시다. 영화 〈일 포스티노〉에서 네루다 선생님이 제자 마리오에게 메타포(은유)를 가르치는 것처럼, 나도 우리 아이들에게 메타포에 눈 뜨게 해주고 싶었다. 드디어 기회가 온 것이다. 이 시를 가지고 2학년 아이들과 메타포를 이야기하고 공부해보았다. 메타포를 이해하는 2학년 아이들이라…… 상상만 해도 재미있지 않은가?

이전까지 나는 동시의 '동'자도 모르는 교사였다. 처음부터 동시를 가르쳐야겠다고 계획을 한 것도 아니다. 아이들의 삶을 조금 깊이 들여다보니, 아이들의 작은 호기심이 내 눈에 포착되었고, 그 호기심과 그 순간을 놓치지 않고 붙잡았을 뿐이다.

지금도 우리 반 교실에서는 많은 동시가 탄생하고 있다. 아이들도 선생님도 시와 사랑에 빠졌다. 시를 알지 못하던 아이들이 시를 느끼고, 시를 누리고, 시를 쓰고 있다. 시를 알지 못했던 선생님도 시를 느끼고, 시를 누리고, 시를 쓰고 있다. 교실에서 만난 '경이로운 순간', 또 한 번 포착!

너희들이 쓰면 나도 쓴다

아이들이 이렇게 시를 좋아하는데 선생님이 안 쓸 수가 있나. 가족과 산을 오르며 내 의식 속에 흘러들어온 단어들을 놓치지 않고 꽉 붙들어, 정상에 올라 마침내 시로 탄생시켰다. 산 정상에서 탄생한 나의 시! 저학년 아이들이 이해할 수 있을지는 모르겠지만 아이들에게 읽어주기로 마음먹었다.

맨 뒤에 걷는다는 것

이대윤

부모님과 함께 오르는 산
발걸음 가볍게 한참을 앞서가시는 부모님

시간이 지날수록
살아온 세월만큼의 무게 때문인지
두 분의 발걸음이 무거워지신다

항상 앞장서서 걸어왔는데
언제부턴가 두 분을 챙기는 '보호자'로
두 분의 속도에 맞춰 맨 뒤에 걸어간다

맨 뒤에 걷는다는 것은
어른이 되어간다는 것

이렇게 나는
'어쩌다 어른'이 되었다

부모님의 나이가 될 때까지
지금의 나이만큼을 더 살아내면
'어른'이 되어 있겠다

우아한
거짓말

아이들의 동시 쓰기 열풍은 학년 말까지 계속되었다. 생활 속에서 일어난 일(밤 아홉 시면 들려오는 아파트 복도에서의 정체 모를 구두 소리, 친구와의 다툼과 화해, 선생님의 개그, 수업 내용, 점심시간에 일어난 일 등) 하나하나가 동시의 글감이 되었다.

이런 우리 짱구반에 좋은 기회가 찾아왔다. 도 교육청에서 동시 공모전을 연다는 소식이었다. 평소 아이들이 동시를 쭉 써온 터라, 이 중 몇 편을 추려 공모전에 참가하기로 했다.

"얘들아~ 우리 동시 공모전에 나가볼까?"

"공모전이 뭐예요?"

"동시 대회!"

우리 반 아이들 모두가 동시 대회에 나가는 것에 찬성했다. 그리고 그날부터 아이들은 시험을 앞둔 것처럼 굉장히 진지하게, 떨리는 마음으로 대회를 준비하기 시작했다. 동시는 1인당 세 편만 지원할 수 있기 때문에, 이미 수십 편씩 동시를 써온 친구들은 그중 몇 편만 골라야 하는 행복한 고민에 빠지기도 했다.

일주일 동안 우리 반 아이들 모두가 동시 공모전에 신청했다. 그 뜨거운 열기에 교사인 나는 갑자기 걱정이 되었다. 도교육청에서는 수상자를 몇 명만 뽑을 것이다. 우리 반 아이 중 한 명이라도 상을 받으면 좋겠지만, 그렇게 되면 나머지 아이들은 실망할지도 모른다. 즐거운 마음으로 삶의 이야기를 동시로 마음껏 풀어내는 아이들 중 누군가에게는 실망을 안겨줄 수밖에 없는 대회였다.

하지만 좋은 경험이고, 아이들에게도 좋은 동기가 될 것 같아 계속 진행했다. 접수가 끝나고, 결과 발표까지 2주의 시간이 있었다. 아이들은 하루가 멀다 하고 결과는 언제 나오느냐며 나를 들들 볶았다. 발표 날, 등수에 관심이 많은 아이들은 "선생님, 누가 1등 했어요?"라는 질문을 많이 했다. 누구나 1등을 하고 싶은 마음이야 있겠지만, 1등이 있으면 2등이 있고, 꼴등도 있기 마련인데 말이다.

아침부터 나에게 와서 결과를 물어보는 아이들을 보며, 나도 결과가 무척 궁금했다. 아이들 몰래 인터넷으로 결과를 확인해보았다.

그런데…… 놀랍게도 우리 반 아이들의 이름은 하나도 보이지 않았다. 아니, 어쩌면 당연한 결과인지도 모른다. 많은 학생들이 참여한 동시 공모전에 입상하기가 그리 쉽겠는가. 아쉬운 마음을 뒤로하고 아이들 앞에 섰다. 무슨 말을 어떻게 해야 할지 앞이 깜깜했다.

"아직 결과가 안 나왔네요. 주말에 나오면 선생님이 월요일에 발표할게요."

이렇게 시간을 번 뒤, 주말 내내 고민했다.

'솔직하게 말할까? 그럼 실망이 클 텐데.'

아이들이 쓴 동시는 저마다 의미와 가치가 있다. 하지만 아직 어린 아이들이 이번 결과로 자신들이 쓴 동시의 가치를 평가하게 될까 봐 걱정이 앞섰다.

책상 앞에 앉아 고민하고 있는데 눈앞에 『우아한 잔소리』라는 책이 눈에 띄었다. 그 순간 내 입에서는 "우아한 거.짓.말"이라는 말이 자동반사적으로 튀어나왔다.

그렇게 시작된 우아한 거짓말. 아무리 거짓말이라도 우아해지기 위해서는 세밀한 계획이 필요하다. 무작정 모두에게 상을 주자니 누가 몇 등이냐고 끝까지 물어볼 것만 같다. 안 돌아가는 내 머리로 고민하고 또 고민해서 나온 생각은 '특별상'을 주는 것이다. 개인상이 아니라 동시를 사랑하는 우리 반 모두에게 주는 '짱구반 특별상'.

월요일 아침, 미리 준비한 상장 약식에 문구도 아름답게 넣어본다.

"동시 공모전에서 이 반은 많은 학생이 동시를 사랑하고, 모든 학생의 동시가 감동적이어서 이 상을 드립니다. 앞으로도 계속 동시를 사랑하고, 동시를 많이 써주시기를 바랍니다."

이 문구는 내가 아이들에게 하고 싶은 말이기도 했다. 동시를 사랑해준 아이들에게 고마움을 가득 담아 특별상을 만들었다.

"선생님, 결과 나왔어요?"

"응, 놀라지 마~ 우리 반에서는 너무 훌륭한 동시가 많고, 순위를 매길 수 없을 만큼 모두가 동시를 잘 써서 특별상을 준대."

"우와~"

여전히 개인상을 받지 못해 투덜대는 아이들이 한두 명 있다. 물론 이 아이들은 누구보다 동시를 열심히 썼기에 학급에 주는 특별상이 아쉬울 수도 있다. 하지만 우리 반 친구들 모두가 행복해하니 그 아이들도 어느새 마음이 사르르 녹는다.

아쉬워하는 그 아이들에게 일부러 물어보았다.

"이 상장, 어디에 붙여놓을까요? 게시판? 칠판?"

"아니요. 복도에서 교실로 들어오는 문 옆에 붙여요. 다른 반 아이들이 볼 수 있게요."

"그러면 다른 애들이 낙서할 수도 있잖아. 아니면 훔쳐갈지도 모르고."

"선생님이 CCTV 달아놓으면 되지."

그렇게 해서, 다른 반에게 자랑할 겸 복도에 전시하기로 했다. 혹시나 모를 상장 도둑과 낙서에 대비해 경고장도 함께 붙였다.

며칠 뒤 우리는 상금으로 빵도 사 먹었다. 물론 선생님이 쏘는 가짜 상금으로 말이다.

정직은 타협할 수 없는 중요한 덕목이다. 아이들에게 이 모든 과정을 솔직하게 이야기해주고, 아이들이 상황을 받아들인 뒤 포기하지 않고 전보다 더 열심히 하게 만드는 정직한 길도

현명한 선택이었을 것이다. 하지만 나는 아직 아홉 살밖에 안 된 아이들이 순수한 열정과 노력을 쏟은 일에서 벌써부터 좌절하는 모습을 볼 수 없었다. 그래서 동시를 향한 뜨거운 열정에 장작을 몇 개 더해주기로 선택한 것이다.

아무쪼록 나의 선택이 아이들의 삶에 좋은 영향으로 나타나기를. 그렇게 된다면 내가 한 거짓말은 분명 우아한 거짓말로 재해석될 수 있을 테니.

가족이라는
이름으로

'가족'이라는 단어만 들어도 우리는 울컥하는 마음이 저 깊은 곳에서부터 올라오는 것을 느낀다. 그건 교사인 나도, 아직 어린 우리 아이들도, 그리고 학부모님들도 비슷할 것이다. 다만 우리 아이들은 순수해서, 그 감정들이 여과되지 않고 그대로 나온다는 것이 어른들과는 조금 다르다. 가족이라는 이름으로 교실 안에서 일어난 경이로운 순간들을 기록해본다.

우리 가족 소개하기

우리나라 학교와 교실이 거의 다 그렇겠지만, 우리 학급에도 한 부모 가정, 조부모 가정, 다문화 가정 등 다양한 가정이 존재한다. 교사인 나도 그러한 환경을 모두 경험해보지는 못했기에, 감히 공감한다고 말할 수는 없다. 어떤 아이들은 부모님이 맞벌이를 하셔서 2학년이지만 혼자 저녁을 차려 먹고, 혼자 숙제를 하고, 혼자 집안일까지 한다. 또 어떤 아이는 엄마가, 혹은 아빠가, 혹은 부모님 모두가 삶에 부재한다.

　이렇게 가족의 형태가 다양하기에, 가족 소개하기 수업을 앞두고 걱정이 앞섰다. 하지만 분명한 것은, 아무리 깊은 상처도 용기를 갖고 꺼내 보여줄 수 있어야 치유가 되고 해결이 된다는 것이다. 아이가 용기를 내기까지 그 과정은 조심스럽고 신중할 수밖에 없다. 그래서 자신의 가족을 소개하는 것이 두려우면 굳이 발표하지 않아도 된다고 말해주었다.

　수업을 시작하기 전에 아이들이 써 온 글을 살펴보았다. 아이들이 용기를 내어 진심으로 써 온 흔적이 글에서 물씬 느껴졌다. 아이들의 모든 발표가 감동적이었지만, 그중 한 학생의 용기를 소개해본다. 이 아이가 용기 내어 가족을 소개한 그 순간을 '경이로운 순간'이라 부르고 싶다.

　정규는 작년에 아빠가 돌아가셨다. 할아버지와 아빠가 같은 해에 돌아가셔서 아이에게는 큰 충격이었을 것이다. 친구들의 작은 장난에도 그 상처가 불쑥불쑥 나타나곤 했다. 특히 아이 어머니는 아빠 이야기를 친구들에게 비밀로 해달라고 내게 부탁할 정도였다. 하지만 정규는 그 아픔을 처음으로 이겨내기 시작했다. 자신의 가족을 당당하게 발표함으로써. 정규가 발표를 하기 전에 내가 물어보았다.

"아빠가 돌아가신 것도 친구들한테 발표하겠니?"

"네, 선생님. 이야기해볼래요."

아이는 자신의 아픔과 상처를 당당하게 대면했고, 멋있게 발표를 마쳤다. 정규가 자신의 이야기를 나누던 그 순간만큼은 교실이 쥐 죽은 듯 조용했다. 아이들이 침을 꼴깍 삼키는 소리까지 들릴 정도였으니 말이다.

집안일 조사하기

집안일에는 여러 가지가 있다. 아이들이 집안일을 실제로 많이 하는 부모님에게 감사하는 마음을 갖고, 조금이라도 도울 수 있도록 하기 위해 집안일에 대해 조사해보게 했다.

먼저 아이들이 말하는 대로 집안일의 종류를 칠판에 모두 적어본다. 그리고 나누어 준 활동지에 이 많은 집안일을 누가 하는지 기록하게 한다. 함께 하는 일은 양쪽에 중복해서 쓰게 한다. 이렇게 정리하고 나면, 누가 집안일을 많이 하는지 한눈에 볼 수 있다.

그렇게 활동지를 채우던 중에 한 아이가 말했다.

"아빠는 도대체 뭐 하는 사람이야?"

아빠의 마음으로 내가 대신 대답해주었다.

"아빠는 열심히 일하시고, 돈을 벌어오시고, 너희랑 놀아주시잖아."

우리 아이들이 아직 순수하기에 이런 솔직한 반응이 나온다는 생각이 들었다.

그리고 집에서 숙제로 완성해온 활동지를 검사하면서 느낀 점을 이야기해보라고 했다. 그런데 한 아이가 이야기를 하다 눈물을 흘렸다. 나도 아이들도 당황해서 어쩔 줄을 몰랐다.

"혜리, 왜 울어?"

아이는 한참을 머뭇거리더니 대답했다.

"월요일부터 토요일까지 매일 쉬지 않고 일하러 나가시는 부모님이 생각나서요."

"그래서 제가 어제 토요일이라도 쉬시라고 말씀드렸어요."

잠시 뒤 또 한 아이가 갑자기 눈물을 흘린다.

"엄마가 집에서 노는 줄만 알았는데, 이렇게 집안일을 많이 하시는지 몰랐어요. 이제 저도 조금씩 도와드려야겠어요."

우리 반은 갑자기 눈물바다가 되었다. 이날 이후로는 아이들이 울 때(아이들은 감동받아서 우는 것이 아니라 친구랑 다퉈서 우는 경우가 대부분이다) 내가 왜 우느냐고 물어보면, 옆에 있는 다른 아이들이 "쟤도 감동했나 봐요"라고 어처구니없는 대답을 하곤 한다.

사실 그때는 나도 눈물이 핑 돌았다. 나도 작년까지 34년간 부모님과 함께 살면서 집안일에 대해서는 생각해본 적이 없었고, 누군가가 우리 가족을 위해 일하고 있다는 사실을 몰랐기 때문이다. 얼마 전 결혼해서 이제 아내랑 둘이 살다 보니 문득 엄마 생각이 나곤 한다. '보이지 않아 몰랐을 뿐, 내가 하는 이 모든 집안일을 엄마가 평생 해오셨구나' 하고 뒤늦게 깨닫게 된 것이다.

나는 우리 집(아내와 내가 둘이 사는 집)의 집안일 목록도 아이들에게 보여주었다. 아이들이 "선생님이 더 많이 하는 것 같아요"라고 말했으나, 나는 진실을 알고 있다. 실제로 집안일은 아내가 더 많이 신경 쓰고 있다는 사실을. 내가 하는 일은 종류만 많을 뿐, 한 주에 한 번 하는 일이 대부분이다. 하지만 아내가 하는 집안일은 거의 매일 해야 하는 일이 많다. 아이들에게 사실대로 말해주었다.

미술 활동이나 글쓰기 등 아이들이 하는 활동을 교사도 함께 직접 해보면, 생각지 못한 경이로운 장면을 포착할 수 있다. 아이들과 함께 감동을 느낄 수 있을 뿐만 아니라, 선생님이 함께 하면 아이들도 좀 더 적극적으로 동기부여가 된다. 그뿐 아니라 지도 교사가 활동의 난이도를 직접 느껴볼 수 있어, 아이들의 눈높이와 속도에 맞게 활동을 조절할 수도 있다.

며칠간 가족을 주제로 수업을 하면서 내 마음에도 가족에 대한 따뜻한 마음이 소복이 쌓이는 것을 느꼈다.

　이런 수업을 진행하다 보면, 교사인 나도 때로는 수업을 하면서 함께 감동하게 된다. 그럴 때면 교실은 아이들만 성장하는 곳이 아니라, 아이들과 선생님이 함께 성장해가는 곳이라는 생각이 든다.

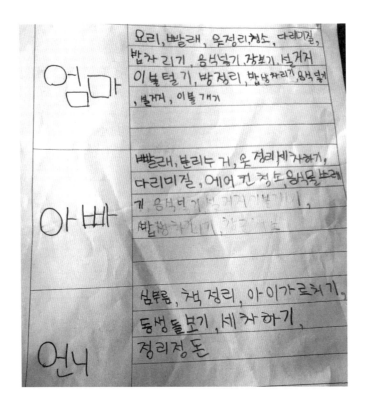

TIP 가족의 소중함을 깨닫는 활동

〈즐거운 나의 집〉 노래 배우기

이 곡은 실제로 내가 즐겨 부르는 노래다. 여행 중이나 집을 떠나 고단하고 피곤할 때면 입에서 이 노래가 절로 흘러나온다. 결혼을 하고서도 한동안 시골집을 그리워하며 아내 몰래 부르기도 했다. 이 노래를 아이들 목소리로 들으니 더 아름답고 좋았다. 아이들은 이 노래를 배운 뒤로는 매일 하교할 때 이 노래를 부르면서 돌아간다.

손가락 인형극

색종이로 손가락 인형을 만든 다음 소품과 눈동자 스티커를 간단히 붙여주면 예쁜 손가락 인형을 만들 수 있다. 주말에 아이들이 써 온 대본을 가지고 가족 인형극을 발표시켜보았다. 발표하는 아이도, 보는 아이도 매우 재미있어했다.

앤서니 브라운의 『돼지책』 읽어주기

책 앞부분에 등장하는 엄마의 표정이 매우 안쓰럽다. 마지막에 집을 나갔던 엄마가 돌아오고, 엄마의 살아 있는 표정이 처음 등장한다. 아이들도 나도 이 그림책을 함께 읽고 나서 뭉클함을 느꼈다.

집안일을 가장 많이 하는 분에게 편지 쓰기

활동지를 통해 부모님이 얼마나 노력하고 계시는 지 확인하고, 그림책을 통해 감사한 마음도 가득 담았으니, 이제 그 마음을 표현해볼 차례다. 편지 라는 게 갑자기 쓰라고 하면 어렵지만, 마음이 충 분히 움직인 뒤에는 아이들이 적극적으로 편지를 쓴다. 기념일(어버이날)에 쓰는 편지와 달리 아이 들이 구체적으로 감사하는 내용을 가지고 쓴 편지 는 부모님에게도 더 큰 감동으로 다가갈 것이다.

집안일 쿠폰 만들기

한 아이가 수업 중에 갑자기 이런 제안을 했다.
"이렇게 고생하시는 엄마를 위해 집안일 쿠폰을 만 들어드리면 어떨까요?"
사실 나는 다음 수업 시간에 교과서에 나오는, 냉장 고에 붙여서 사용하는 집안일 실천 목록을 만들려고 했다. 하지만 이렇게 아이들이 자발적으로 이야기한 것을 그냥 흘려 들을 수 없었다.

색종이로 만들고 싶다는 아이들도 있었지만 대부분 어떻게 만들어야 할지 모를 것 같아서 쿠폰 양식을 인쇄해 나누어 주었다.

교사가 계획한 수업도 중요하지만, 아이들의 생각과 의식의 흐름에 따라 계획은 언제나 변경될 수 있다. 아이들의 의견이 반영된 수업은 그만큼 아이들이 재 미있어하고, 아이들의 삶과 가까운 수업이 될 가능 성이 크다고 생각한다.

달팽이
한살이

우연한 기회에 달팽이 선생님(달팽이를 전문적으로 기르고 분양까지 하시는 참 고마운 분이다. 서울의 한 초등학교에 근무하고 계신다)을 알게 되었고, 그분을 통해 달팽이 스무 마리를 분양받았다. 혼자 분양받기 아쉬워, 우리 학교 전체 학급 중 신청을 받아 다른 학급과 함께 분양받게 되었다.

온 학교에 한순간 달팽이 열풍이 불었다. 반마다 달팽이 때문에 이야기꽃이 피었다. 달팽이가 좋아하는 음식, 사육하기 좋은 환경, 달팽이 껍질이 깨졌을 때 발라줘야 하는 약 등 그 소재도 어마어마했다.

이렇게 시작한 달팽이 사육. 작은 달팽이가 주먹만 한 달팽이로 성장하는 과정은, 우리 인생의 한 사이클을 경험할 수 있어 소중한 시간이었다.

달팽이의 죽음

몇 주가 지났을까. 옆 반에서 침울한 소식이 들려온다. 옆 반 달팽이가 생을 마감한 것이다. 아이들의 정성과 관심에도 불구하고 달팽이가 세상을 떠나고 말았다. 옆 반 친구들은 죽은 달팽이를 학교 앞 화단에 정성껏 묻어주었다. 그리고 평소에 달팽이가 좋아하던 상추와 흙, 그리고 꽃을 무덤가에 두었다.

얼마 전 돌아가신 할머니가 생각났는지 눈물을 흘린 아이가 있었다. 작년에 돌아가신 아빠 생각에 눈물을 훔친 아이도 있었다.

몇 년 전 우리 반에는, 집 나간 엄마 대신 유일한 말동무이자 벗이 되어주셨던 할아버지를 하늘나라로 보내야 했던 아이가 있었다. 나 또한 가까운 지인의 죽음 앞에서 말로 다할 수 없는 큰 슬픔을 겪은 적이 있다. 아이들과 죽음에 관해 진지한 이야기를 나눠보고 싶어졌다. 아이들과 대화를 나누면서 나 또한 인생의 큰 깨달음을 얻을 수 있을 것 같다.

달팽이의 결혼

"선생님, 달팽이들 합방시키면 난리 납니다. 엄청나게 많은 알을 보시게 될 겁니다."

달팽이 선생님이 그렇게 당부하셨기 때문에, 우리 반 달팽이 두 마리는 각방을 쓰고 있었다. 하지만 몇몇 반에 분양된 달팽이가 저세상으로 떠나는 바람에, 달팽이들의 합방이 불가피했다. 그뿐 아니라 한 반에 달팽이가 한두 마리밖에 안 되어서 스무 명이 넘는 아이들이 서로 돌보려고 경쟁이 벌어졌다. 한 마리씩 갖고 싶어 하는 아이들을 위해서라도 달팽이 결혼이 시급했다.

우선 학급 회의에 '달팽이 결혼식을 어떻게 할까요?'라는 안건을 올려 의견을 나누기로 했다.

아이들은 먼저 두 달팽이가 함께 살, 달팽이 신혼 방을 깨끗이 씻어오기로 했다. 신혼 방에는 깨끗한 새 흙과 신선한 상추를 넣어주었다. 우리네 결혼식과 마찬가지로 신랑, 신부 입장을 하고, 이 모든 입장 순서에는 결혼행진곡 노래를 틀어주었다.

"신부, 입장!"

"빠빠밤 밤— 빠빠바밤—"

"신랑, 입장!"

그리고 마침내 달팽이 부부가 마주 앉았다. 그때 갑자기 한 아이가 외쳤다.

"선생님, 신랑 달팽이가 똥 쌌어요!"

아이들은 웃음을 터트렸고, 교실은 한순간에 난리가 났다.

아무리 긴장을 해도 그렇지 결혼식장에서 똥이라니! 이날 이후 똥 싼 결혼식 에피소드는 한동안 아이들의 글에 풍성하게 묻어나기도 했다.

합방을 한 지 사흘 후, 몇몇 아이들이 의아한 표정으로 나에게 와서 묻는다.

"선생님, 달팽이들이 왜 뽀뽀를 안 해요?"

"너희 같으면 너희들이 쳐다보는 데서 뽀뽀를 하겠냐! 너희들 없는 밤에 뽀뽀하지!"

"아~"

명확한 해답을 얻은 듯한 아이들의 표정에서 내가 나름 달팽이 박사로 인정받고 있다는 걸 알 수 있었다.

달팽이의 탄생

달팽이 부부가 합방한 지 몇 달 후 달팽이가 알을 낳았고, 곧 새끼 달팽이가 부화했다. 이 기간 동안 나는 아이들에게, 아내의 배 속에 있는 우리 아기의 성장 과정을 사진으로 보여주었다. 배 속 아기가 조금씩 성장해가는 과정은 아빠 초년생인 나에게도 낯설지만, 아이들에게도 낯선 이야기였다. 호기심 가득한 아이들의 눈빛과 예비 아빠의 경이로운 눈빛에서 초년생으로서의 동질감을 느꼈다.

그리고 영화 〈보스 베이비〉를 함께 보면서 탄생에 대한 궁금증을 서로 나누고, 자기 다음에 태어난 동생에 대해 깊이 이해해보는 시간을 가졌다.

탄생과 성장, 결혼과 죽음에 관한 질문은 우리가 매일 던져야만 하는, 우리 인생의 중요한 '빅 퀘스천Big Question'이다. 달팽이의 한살이를 통해 우리는 인생 수업을 했고, 교사인 나는 이러한 삶의 질문들에 대해 여전히 답을 찾아가고 있다.

밥 짓기,
그리고 혼밥

아내가 임신한 이후로는 김이 모락모락 나는 따끈따끈한 집밥
을 먹어본 지가 오래되었다. 아내가 입덧이 심해 냉장고 문도
열지 못하고 있기 때문이다. 간혹 아내가 없을 때라도 혼자서
밥을 차려 먹기란, 웬만한 생존 본능이 아니고서는 실행하게
되지 않는다.

내가 한 끼 밥을 지어 먹는 것, 내가 지은 밥을 혼자 먹는
것. 내 인생에서 이런 경험이 있었나 싶다. 이런 낯선 경험을,
아직 열 살도 안 된 아홉 살 아이가 경험하고 있다. 아니, 이런
낯선 경험이 아이에게는 일상이다.

학부모 상담을 통해 내가 알지 못했던, 각 가정의 상황과
사정, 삶의 애환을 접하게 된다. 항상 웃는 얼굴로 나를 행복
하게 해주던 한 아이의 어머니로부터 많은 이야기를 들었다.
아직은 조금 서투른 한국말로, 가정의 상황과 아이의 상황을
이야기해주셨다.

아이 어머니는 베트남에서 오셔서 아이 아버지와 국제결혼을 하셨다. 두 분은 맞벌이를 하고 있어 8~9시나 되어야 집에 들어오신다고 한다. 1학기 운동회 때 뵈었던 할머니는 어디 가셨는지 여쭤보니, 많이 편찮으셔서 병원에 입원해 계신다고 한다. 그럼 아이가 집에 돌아오는 5시부터 8시까지는 누구랑 같이 있는지 여쭤보았다.

아이는 집에서 두세 시간을 꼬박 혼자 보내고 있었다. 부모님의 고생을 아는지, 아이는 혼자서 숙제도 하고 밥도 차려 먹고, 심지어 청소도 한다고 했다.

아이는 엄마가 차려놓은 식은 밥을 데우고 달걀 프라이를 직접 해서 혼자 밥을 먹는다. 혼자서 밥을 먹으며 무슨 생각을 할까? 어떤 마음일까? 그 마음과 상황이 도저히 그려지지 않아 공감하기가 쉽지 않다.

얼마 전 아이가 숙제를 한두 번 해오지 않아, 왜 안 했는지 물어본 적이 있었다. 평소에는 숙제를 잘 해오던 아이가 깜빡 잊고 못했다는 말에 의아해하며 야단을 쳤다. 다른 아이들과는 조금 다르게, 이 아이는 혼자 있어야 하는 그 시간에 스스로 밥을 해 먹고 숙제도 스스로 해야 했다. 고작 아홉 살인 아이가 감당하기에는 쉽지 않은 삶의 과업을 일찌감치 시작한 셈이었다. 이런 건 좀 더 늦게, 천천히 배워도 되는데 말이다.

내가 사는 집과 근무하는 학교가 가까웠으면 좋겠다는 생각을 자주 한다. 이번에도 그렇다. 내가 학교 옆에 산다면, 이 아이와 매일매일 따뜻한 밥 한 끼를 함께 먹고 싶다. 우리 집으로 데리고 와 부모님이 퇴근하실 때까지 밥을 같이 먹고, 숙제도 함께 하고, 이야기도 나누고 싶다.

머릿속에 나눔을 실천할 좋은 아이디어가 떠오르면 계산 없이 바로 실행에 옮기던 시절이 있었다. 그 실천의 발걸음이 내 가슴을 뛰게 하고 행복하게 했다. 하지만 아쉽게도 오늘 내 머릿속에 순간 떠올랐던 생각은 잠시 넣어두어야만 했다.

아이를 위해 내가 할 수 있는 작은 한 가지는, 아이를 위해 기도하는 것이다. 할머니가 건강해지셔서 예쁜 손녀와 함께 집에서 저녁 식사를 하셨으면 좋겠다. 병원에서 외로움과 싸우고 계시는 아이 할머니와, 집에서 외로움과 싸우고 있는 손녀가 만나게 될 날을 기도해본다. 선생님뿐만 아니라 우리 반 친구들도 같은 마음으로 아이를 응원하고 기도하기로 했다.

밥 짓기나 혼밥 같은, 인생의 쓴 과업을,
아홉 살인 지금 말고 좀 더 어른이 되어서
자연스럽게 경험하게 되기를.
그 시기가 조금만 더 늦춰지기를 기도합니다.

아이가 걸어온
그 길

내가 근무하던 학교는 직장 그 이상이었다. 아침에 출근하고 저녁이 되면 퇴근하는, 그런 직장의 일상 그 이상이었다. 밤늦게까지 업무와 다음 날 수업 준비로 교실에 남아 있으면, 그 시간까지 집에 안 들어간 아이들이 창밖에서 선생님을 부른다. 길 가다 아이들을 만나면 그냥 지나치지 않고 꼭 뭐라도 함께 먹는다. 세탁소, 마트, 식당, 치킨집, 꽃집까지 나의 소비 장소도 대부분 우리 반 아이들의 학부모님이 운영하는 곳이었다. 그러다 보니 내가 근무하던 학교는 직장이라기보다 나의 삶 그 자체였다.

하지만 학교를 옮기고 나서는 아직 학교가 내 삶 자체가 되지는 못하고 있다. 이곳도 서서히 이전 학교처럼 내 삶의 공간으로 만들어야 하는 과제를 안고 있다. 그래서 시작한 마을 탐방. 통합 교과에 나오는 활동이기도 하지만, 사실은 내가 이 지역에 대해 궁금했다.

그래서 아이들과 함께 계획을 세우고, 사흘간 마을 탐방을 떠나보기로 했다.

몇몇 공공기관에 미리 연락을 해두긴 했지만, 이런 탐험일수록 계획되지 않은 특별한 인연과 사건이 우리를 기다리고 있기 마련이다. 읍사무소에서는 전국체전(우리 지역에서 열릴 제99회 전국체전) 띠까지 두른 채 읍사무소 구석구석을 안내해주셨다. 풍성한 간식도 제공해주셔서 한참을 머무를 수 있었다. 근처 공원에서는 아이들과 신나게 뛰어놀았고, 파출소에서는 경찰관 아저씨들이 경찰차를 태워주고 선물도 주셨다. 도서관에서는 사서 선생님이 어린이 도서관을 구경시켜주시고, 책 대출 방법을 안내해주셨다.

하지만 알차고 즐거운 활동 뒤에는 남모를 어려움도 있다. 마을 탐방 첫째 날, 다리를 다쳐 깁스를 한 친구는 보건실에 남아 있어야 했다. 업어서라도 데려가고 싶었지만 한사코 싫다고 했다. 너무 신나고 재밌었다는 아이들의 반응에 이튿날에는 자기도 가고 싶다고 했다. 나는 한 아이를 등에 업은 채 나머지 아이들을 통솔하며 땀을 삐질삐질 흘렸다.

읍사무에서는 "읍사무소 직원분들에게 질문 있나요?"라는 질문에 한 아이가 "월급은 얼마나 받아요?"라는 질문을 해서 나를 적잖이 당황케 했다.

미리 예상되는 점은 아이들에게 당부해두었지만, "아이스크림 사주세요, 음료수 사주세요"라는 말을 끊임없이 하기도 했다. 다행히 가는 곳마다 간식을 넉넉히 준비해주셔서 어려움이 없이 잘 넘길 수 있었다.

이렇게 마을 탐방을 마쳤고, 나는 우리 아이들에 대해 몰랐던 중요한 부분을 알게 되었다.

유난히 매일 1, 2분씩 지각을 하는 한 아이가 있었다.

"왜 늦었어요?"

"······."

대답 대신 씩 웃어넘기는 아이였다.

이번 마을 탐방을 다니며 자기 집을 지날 때면 아이들은 "선생님, 여기가 우리 집이에요"라고 알려주었다.

하루는 꽤 멀리 마을 탐방을 떠났다.

"선생님, 목말라요."

"선생님, 힘들어요,"

아이들의 외침 중에 한 아이의 말이 내 귓가에 들린다.

"선생님, 여기가 우리 집이에요."

매일 지각을 하는 그 아이였다.

아이의 집은 멀었다. 2학년 아이의 짧은 보폭으로는 20분이 넘게 걸릴 듯했다. 돌아오는 길에는 그 아이의 손을 잡고 등굣길의 풍경을 함께 느껴보았다. 등굣길에는 아이가 잠깐 들러서 만나는 강아지, 각종 기념일이면 다양한 물건들을 진열해놓는 편의점, 아이들의 혼을 쏙 빼놓는 학교 앞 문구점까지. 그냥 와도 20분이 걸리는 그 길은, 잠깐 한눈이라도 파는 날에는 아이의 혼을 쏙 빼놓을 만한 재미있는 것들이 참 많았다.

26년 전, 내가 초등학교 2학년이었을 때에는 어땠나? 지금 어른의 걸음으로는 10분이면 갈 그 거리를 40분이나 걸려서 학교에 갔다. 동생이랑 돌멩이를 차면서 등교를 했고, 빨리 가려고 택한 지름길(논길)에서는 개구리, 메뚜기, 방아깨비 등 자연의 친구들과 노느라 오히려 큰길로 가는 것보다 배나 더 오래 걸렸다.

아이들이 학교에 등하교하는 길을 꼭 한번 아이 손을 잡고 함께 걸어가보기를 권한다. 사실 모든 아이들의 집을 가정방문 하고 싶은 마음이 굴뚝같다. 요즘은 많은 부모님들이 방문을 꺼리고, 나는 이 학교에 온 지 1년밖에 되지 않아 더 조심스럽다. 아이의 등하굣길이나마 함께 걷다 보면, 아이에 대해 훨씬 더 많은 것을 이해하게 된다.

방과 후 4시쯤, 어김없이 교실 문을 빼꼼 열고 들어오는 아이가 있다. 어제도 그제도 선생님이 보고 싶어서, 그냥 교실이 좋아서 왔다던 그 아이가 오늘도 교실에 놀러 왔다. 하지만 나는 이제 알고 있다. 아이가 먼 길을 걸어 집에 갔다가 다시 힘들게 학교까지 걸어왔다는 것을. 그리고 잠깐 선생님을 보고는 다시 그 먼 길을 걸어가야 한다는 것을. 아이에 대해 더 아는 만큼, 아이의 마음이 더 크게, 더 고맙게 보인다.

나도
시인이 되어볼까

아이들 덕분에 생애 첫 시를 쓴 그날 이후로, 나는 산에만 가면 시상이 떠오르고 시인의 뜨거운 '갬성'이 샘솟는다. 그 뒤로 두 번의 산행을 했고, 시도 두 편이 탄생했다.

작은 산

큰 산을 오른 사람이
작은 산을 가볍게 여기는가?

작은 어려움이라고
누가 비웃을 수 있는가?

큰 산과 작은 산을
한 호흡으로 오르듯이

인생의 큰 어려움이나 작은 어려움도
한 호흡으로 견뎌내기는 매한가지

작은 산이라도 땀이 흐른다
작은 어려움에도 눈물이 흐른다

수업 공개와 수업 나눔을 마치고 퇴근하던 날, 홀로 산에 올랐다. 운 좋게도 내가 퇴근하는 길에는 산이 하나 있다. 저녁 해질녘에 홀로 오르는 산은 나 같은 사람도 시를 쓰게 만드는 놀라운 힘이 있다.

처음으로 2학년을 맡으니 다 말할 수 없는 힘든 점들이 있다. 2학년 초년 선생님으로 사실 고전에 고전을 면치 못하는 상황이다. 이런 상황을 어느 누구에게 말할 수도 없는 처지다. 다 큰 어른이 2학년 꼬마들에게 이렇게 당하고 살고 있다는 것은, 누구에게도 말하기 부끄럽다. 무엇보다 주변에 더 어려운 상황을 견뎌내는 분들이 많이 계시기에, 나의 어려움은 작은 산에 불과해 보인다. 하지만 작은 산도, 작은 어려움도 어렵기는 마찬가지다. 이런 마음으로 쓴 시가 「작은 산」이다.

나는 모르오

남을 안다고 하지 마오
나를 안다고 하지 마오

안다고 생각하는 것은
모르는 것이오
깊이 알기를 포기하는 것입니다

모른다고 말하는 것은
아는 것이오
알기를 원하는 겸손한 마음이오
그 시작입니다

누구나 그렇듯이 산에 오르는 목표는 정상에 오르는 것이다. 마침내 정상에 올랐을 때, 목표를 이루었다는 뿌듯함과 함께, 이제 이 산에 대해 잘 안다고 생각한다.

정상에 올랐다고 해서 산의 높이와 넓이, 깊이를 안다고 할 수 있을까? 산의 높이와 넓이, 깊이를 다 알 수 없는데, 하물며 사람의 마음과 생각, 삶을 안다고 할 수 있을까? 나 자신뿐만 아니라 타인에 대해 잘 안다고 말하는 것은, 한 사람의 깊이를 무시하는 것이고 깊이 알기를 포기하는 것이다.

오히려 모른다는 것은 앎으로의 시작이고, 성실함의 표현이다. 우리는 여전히 나 자신에 대해서도 타자에 대해서도 모르고, 알아가는 과정에 있다.

'내 마음 보고서' 검사지를 지난주에 완료했고, 오늘 그 책이 도착했다. 나의 책 '내 마음 보고서'를 읽어보며 내가 어떤 사람인지 들여다본다. 나도 나를 잘 몰라서 끊임없이 성찰하는데, 나에 대해 몇 자로 요약해서 쓰여 있는 책을 보니 공감이 잘 안 된다.

상담 주간이 되면 아이들의 부모님과 상담을 하는데, 아이에 대해 누구보다 잘 안다고 자부하며 교육 전문가라는 마음으로 부모님들께 이런저런 조언을 드렸다. 산을 오르기 시작할 때부터 그런 나 자신이 부끄러웠다.

나 자신도, 내가 만나는 아이들과 모든 타인들도 나는 아직 잘 모른다. 그렇기에 조심스럽고 겸손하게 들여다본다. 모르기에 나는 오늘도 내 삶에 경이로운 시선을 가지고 성실히 임할 것이다.

살아가는 소리

산에 오르니,

저 멀리 도시 소리

아득하게 들려온다

도시의 소음,

나무와 새들로 걸러지니

내 귀에 삶의 소리로 들려온다

말갛게 씻은 귀를 담아

소음, 소리 가득한 삶으로 내려간다

자연을 가득담은 새 귀를 가졌으니

도시 소음 걸러져

삶의 소리로 들려지기를 바라본다

개학 전날, 두근거리는 마음(사실은 심란한 마음이라고 하는 것이 더 정확하겠다)으로 개학 첫날 아이들에게 들려줄 시를 급하게 써보았다.

개학날

방학은 방학이라 좋고,

개학은 개학이라 좋다.

뜨거운 햇볕에 새까맣게 탄 내 얼굴
한 달간 못 봐서 까먹은 선생님 얼굴

친구들 안녕~
선생님도 안녕하세요.

개학은 새로운 시작.
그래~ 2학기에는 더 열심히 공부해야지.

　3연까지는 라임이 제법 살아 있었는데, 4연에서 망쳐버렸
다. 갑자기 '열심히 공부하겠다'라는 진부한 다짐이……. 항상
내 글의 첫 독자가 되어주는 아내도 4연에서 웃음을 터트리고
말았다.
　하지만 의외로 아이들 사이에서는 이 시가 제법 인기가 있
다. 선생님 시 중에 제일 좋았던 시를 뽑아보라고 했더니, 몇
몇 아이들이 이 시를 뽑았다.

　우리는 인생의 초년생이다. 처음 교사가 되면 교사 초년생,
사회 초년생이고, 결혼을 하고 아이를 처음으로 가지면 아빠
초년생, 부모 초년생이 된다. 글을 처음 쓰는 사람은 작가 초
년생이고, 시를 처음 쓰게 되면 시인 초년생이다.

초년생의 삶은 낯섦과 두려움의 연속이다. 하지만 기대와 새로움의 시작이기도 하다. 교사로서 어떤 학년의 초년생이 되더라도 마음 깊은 곳에 뜨거운 사랑만 있다면, 우리는 누구나 경이로운 순간을 만들어낼 수 있다.

나는 오늘 무엇의 초년생으로 살아가고 있을까? 잘 모르지만 순수하게, 낯설지만 기대하는 마음으로 한 걸음을 내디뎌 본다.

2부

너희들의
한순간도
놓치고 싶지 않다

지금 만나러
옵니다

학교를 옮긴 뒤 40킬로미터나 되는 거리를 편도 50분씩 걸려 매일같이 다니게 되었다. 이렇게 멀리 출퇴근하다 보니 몸도 피곤하지만, 가장 아쉬운 건 이전 학교에 있을 때 하루가 멀다 하고 찾아왔던 아이들이 쉽사리 나를 만나러 오지 못한다는 것이다.

아이들이 찾아오면 시끄러워지는 건 당연하고, 내가 바쁜 것도 아랑곳하지 않고 거의 정신을 쏙 빼놓는다. 맛있는 것을 사달라며 투정을 부리고, 친정집에 온 것처럼 드러눕기도 하고 편하게 쉬다 가기도 한다. 귀찮기도 하지만, 나는 아빠의 마음으로 아이들이 성장해가는 모습 속에서 행복하고 기쁠 때가 많다. 그리고 무엇보다 이제는 제법 성장해서 좋은 벗으로 서로 이야기 나눌 수 있기에 아이들의 방문이 더욱 설렌다.

가끔, 아니 자주 찾아와 나를 기쁘게 해주던(성장의 소식을 날마다 전해준) 아이들. 하지만 거리가 멀어진 탓인지 올해부터는 우리의 만남이 좀처럼 허락되지 않았다. 벌써 많은 아이들이 오고 싶다며 연락을 해왔지만, 나도 일이 바쁜 터라 시간을 맞추기가 어려웠다. 무엇보다 나를 슬프게 만드는 건, 졸업한 아이들이 그토록 그리워하던 초등학교 교실을 찾아가도 내가 없으니 마음껏 들어갈 수가 없다는 것이다. 아이들이 학교 주위를 배회하다 그냥 돌아간다는 이야기를 전에 근무했던 학교 선생님들에게 들었다.

"밥 한번 먹자."

어른들은 이런 약속을 쉽게 한다. 하지만 우리는 잘 안다. 이런 약속은 언제 만날지 기약이 없는, 그저 인사치레라는 사실을. 하지만 아이들은 다르다.

"한번 찾아갈게요."

아이들에게 이 약속은 그냥 인사치레가 아니다. 내가 말리지 않으면 시험 기간 중에도 올 아이들이다. 아이들은 약속을 좀처럼 어기지 않는다. 그리고 쉬는 날임에도 불구하고, 산 좋고 물 좋은 이곳까지 찾아와주었다.

때로는 귀찮기도 했던, 졸업한 아이들의 방문이 이제는 고맙고 소중하게 느껴진다. 아이들의 얼굴이 그리웠나 보다. 많이 보고 싶었나 보다.

"난 괜찮다. 뭘 귀찮게 찾아오냐."

이런 말을 하는 시골 부모님처럼, 오면 귀찮기도 한 우리 아이들이 실제로 찾아와주면 그렇게 감동적일 수가 없다. 버스를 타고 한 시간이나 걸리는 시골길이 너무 좋았다고 하는 아이들처럼, 나의 차에 아이들을 태우고 함께 돌아가는 그 길이 여느 때와는 다르게 아름답게 느껴졌다.

애들아, 기다리고 있다. 지금 만나러 오겠니?

선생님의
결혼

우리네 인생에서 가장 중요한 과업 중 하나를 고르라면 결혼을 꼽을 수 있을 것이다. 서로 다르게 살아온 남녀가 만나 한 집에서 생활하면서 만들어가는 새로운 삶은, 사실 기적과 같은 일이다.

누구나 마찬가지겠지만, 결혼 전에는 참으로 많은 일들로 분주하고 바쁘다. 때로는 준비 과정에서 서로 다투기도 하고, 심지어 결혼이라는 새로운 시작을 하기도 전에 관계가 끝나버리기도 한다. 결혼 이후의 삶은 현실이며 치열한 삶이지만, 결혼 전 준비 과정도 이에 버금가는 고뇌의 시간이다.

내게 2017년은 결혼을 앞두고 몸도 마음도 분주한 해였다. 그래서 결혼한 해의 제자들은 절대 잊을 수 없을 것이다. 그해에 이 아이들을 만나지 않았더라면, 나는 그 시기를 감히 버텨내지 못했을 것이다. 교사로서의 역할, 또는 예비 남편으로의 역할, 둘 중 하나에는 분명 빈틈이 생겼을 것이다. 어느 쪽에도 소홀해지지 않고 모든 과정을 아름다운 순간으로 채울 수 있게 해준 우리 아이들과 이 추억을 공유하고 싶다. 지금부터 소개하는 이 모든 순간을 있게 해준 너희들에게 고맙다!

결혼 발표 여행

나와 아내는 당시 근무하던 학교에서 '사내 연애'를 했다. 여덟 살(이나 어린!) 연하의 신규 선생님을 만나 3년간 연애하고 결혼에 골인했다. 특히 연애 1년차 시기는 '비밀 연애' 단계였다. 007 작전을 방불케 하던 때였다. 이 시기에 대부분의 사람들은 우리 관계를 눈치채지 못했다. 두 번째 해에는 "심증은 있으나 물증이 없다"라며 의심받았다. 3년차에는 대부분의 선생님들이 알고 "언제 결혼해?"라고 묻는 시기였다. 이 3년 동안 우리 아이들은 2단계에 머물러 있었다. 우리 아이들은 의외로 눈치가 빨랐다. 하지만 의심과 소문만 무성할 뿐, 선생님의 연애 상대는 아이들에게 베일에 싸여 있었다.

결혼을 한 달 앞두고 나는 누구보다 먼저 사랑하는 우리 제자들에게 소식을 전하고 싶었다. 이는 아이들을 아끼는 나로서는 최소한의 배려이자 예의였다. 알리는 것뿐만 아니라 아이들에게 결혼 축가도 부탁하기로 했다. 그런데 언제, 어떤 방법으로 아이들에게 이 사실을 알려야 할까? 이 중요한 순간을 어떻게 창조해내야 할까? 고민하던 끝에 남학생들, 그리고 여학생들과 결혼 발표 여행을 떠나기로 했다.

딸들에게 알리기

여학생들과는 기차 여행을 계획했다. 나는 해마다 익산에서 전주 한옥 마을로 아이들과 기차 여행을 갔다. 하지만 이번에 떠나는 여행은 단순한 기차 여행이 아니라 결혼 발표 여행으로, 무엇보다 여학생들하고만 떠나는 여행이었다. 여학생들에게는 첫사랑일 수도 있는(이건 어디까지나 나만의 착각이겠지만) 총각 선생님으로서 결혼을 밝히는, 가슴 두근거리는 여행이 될 것이다.

나는 아이들 한 명 한 명의 이름을 적은 청첩장 열두 장을 가방에 챙겼다. 분위기 있게 보슬비가 내리는 날이었다. 우산을 쓰기에는 애매하고, 안 쓰면 촉촉하게 젖어드는 그런 날씨. 아이들은 한옥 마을에 도착하자마자 한복 대여점을 들른다. 여자의 준비 시간은, 누구나 알다시피 기본이 30분 이상이다. 한복으로 갈아입고 머리까지 예쁘게 단장하고 나오는 데 걸리는 시간은 한 시간. 꼬박 한 시간이 흐른 뒤, 모두 예쁜 한복을 입고 예쁜 머리를 하고 내 앞에 나타난다.

　나는 딸을 둔 아빠 연습이라도 하듯 "우와, 예쁘다!" 하고 영혼을 가득 담아 칭찬을 하며 연신 카메라 셔터를 눌렀다. 한복 입은 모습을 한 명 한 명 다 찍어주었다.

　'입이 열려야 마음이 열린다.'

　아이들과 함께할 때는 먹는 것이 빠져서는 안 된다. 나는 아이들이 미리 검색해놓은 한옥 마을의 맛집(나도 잘 모르는 곳들이 많았다)을 반강제로 끌려 다니며, 이런 맛 저런 맛을 함께 느껴본다.

　어느새 해가 많이 짧아졌나 보다. 해가 기울자 마음이 급해졌다. 아무리 부모님들께 말씀을 드려놨어도, 예쁜 여학생들을 밤이 되도록 데리고 다니는 건 위험할 수 있다. 아이들을 데리고 서둘러 '결혼 발표 장소'로 이동했다. 내가 예약해둔 '결혼 발표 장소'는 기차가 옆으로 지나다니는 전망 좋은 열차 카페였다. 아이들이 좋아하는 돈까스를 열네 개 예약해놓았다. 아이들의 양을 누구보다 잘 알고 있기에, 머릿수보다 두 개를 더 주문해놓았다.

　어느새 해가 뉘엿뉘엿 기울더니 지평선 너머로 지고 깜깜한 밤이 되었다. 이제 슬슬 운을 떼어야 할 것 같아 아이들을 카페 옆 정자로 데리고 갔다.

"자~ 둥글게 앉아보자."

그리고 마침내 본론으로 들어갔다.

"음…… 선생님이 너희들에게 할 말이 있는데…….'

사실 결혼식 때보다 이 순간이 더 떨렸는지도 모른다. 머뭇거리는 동안 적막이 흐른다. 아이들은 그 어느 때보다 내 말에 집중하고 있었다. 때마침 기차가 지나가며 떨고 있는 나에게 시간을 벌어준다. 기차는 적막을 깨며 우리 옆을 한참 동안 지나갔다. 긴 침묵(나에게는 이 짧은 시간이 마음의 준비를 하기에 충분히 긴 시간이었다)이 지나가고 어렵게 이야기를 시작했다.

"너희들에게 좋은 소식을 전하려고 이런 자리를 마련했어. 너희들은 나에게 소중한 아이들이니까 제일 먼저 알리고 싶었어. 얘들아, 샘 결혼해."

이 말이 떨어지자마자 아이들은 잠시의 망설임도 없이 방청객 모드로 박수를 치며 누구보다 기뻐해주었다. 사실 나는 아쉬워하며 우는 아이가 있기를 바랐는지도 모른다.

"그런데 누구랑요?"

"너희들에게 나눠 준 청첩장에 그 답이 들어 있어. 선생님의 신부가 누군지는 집에 가서 청첩장 열어서 개인적으로 확인하기!"

"누굴까? 누구지? 진짜 궁금하다."

"그리고 너희들이 샘 결혼식 때 축가를 불러주면 좋겠어."

깜깜한 밤, 길고 길었던 결혼 발표 시간이 지나갔다.

집으로 돌아오는 길에 아이들은 선생님의 신부가 누구인지 무척이나 궁금했나 보다. 청첩장을 열어볼까 말까 수십 번 만지작만지작한다. 축가를 부탁하기가 무섭게 걸어오는 길에 MR을 틀고 부탁한 축가를 불러본다.

"너의 그 한마디 말도, 나에게 커다란 의미."

시원한 가을바람이 불어오고, 아이들의 예쁜 목소리가 고요한 밤하늘을 수놓는다. 사랑하는 사람을 생각하며 걷는 내내 설레다 못해 아름답고 황홀하다. 참으로 아름다운 밤이었다.

아들들에게 알리기

다음 날에는 남학생들과 결혼 발표 여행을 떠났다.

남자는 목욕탕을 함께 다녀온 사이와 그러지 않은 사이로 나뉜다. 꼭 한 번, 남자아이들과 목욕탕을 함께 다녀오고 싶었다.

아이들도 나도 탈의실에서부터 쭈뼛쭈뼛한다. 내가 먼저 벗지 않으면 이 아이들은 결코 벗지 않을 것만 같았다. 내가 먼저 용기를 내지 않으면, 아이들은 계속 부끄러워할 것이었다. 내가 당당히 벗자, 아이들도 웃으면서 홀라당 벗는다.

다행히 목욕탕에는 손님들이 없었다. 왜 다행인지는 모두가 짐작할 수 있을 것이다. 남학생 열다섯 명이 목욕탕에 있으면, 아이들이 떠드는 소리가 울려 다른 손님들에게 엄청난 민폐를 끼칠 것이기 때문이다. 운이 좋게도 그 목욕탕은 우리가 전세를 낸 것처럼 쓸 수 있었다.

탕 안에서 서로 벗은 몸을 잡고 뒹구는 아이들, 물장구 치는 아이들, 선생님 옆에 앉아 온탕의 시원한 맛을 점잖게 즐기는 아이들까지. 내 눈앞에는 가장 순박한 아이들의 모습, 인생의 모든 무거운 것들을 다 내려놓고 진정한 자유를 만끽하는 아이들의 모습이 경이롭게 펼쳐져 있었다. 나는 어느새 이 여행의 목적을 잊고 있었다.

다시 정신을 차리고 탕에서 나와 찜질복으로 갈아입은 다음 시원한 냉소금방으로 아이들을 소집시켰다. 한 명 한 명 양머리를 만들어 머리에 얹어주고 한바탕 웃음꽃을 피운다.

마침내 이 여행의 최종 목적을 이룰 때가 왔다. 어제 여학생들에게 얘기할 때보다는 훨씬 덜 긴장되었다. 벌거벗고 같은 탕에 들어갔다 나오니, 우리는 이미 이전의 우리가 아니었다. 나는 멋지게 딱 한마디를 던졌다.

"선생님 결혼한다."

깜짝 놀랄 거라고 예상했는데, 돌아온 것은 아이들의 웃음이었다. 몰래 뒤에서 케이크까지 내오며 깜짝 축하를 해준다. 여학생들을 믿는 게 아니었다. 그렇게 입이 가벼운 여학생들

덕분에 도리어 축하를 받게 되었다.

　여학생들과의 여행에서는 '입이 열려야 마음이 열린다'는 전략이었지만 이번에는 반대다.

　'마음이 열렸으니 입을 열러 가자!'

　남학생들을 데리고 고깃집을 잘못 갔다가, 다섯 명이 먹고서 20만 원이 넘게 나온 적이 있다. 이제 그런 실수를 하지 않기 위해 아예 무한 리필되는 집을 선호한다. 저마다 자기만의 특기(고기 굽기, 접시 나르기, 라면 끓이기, 그냥 많이 먹기 등)를 맘껏 발휘하여 선생님인 나는 손 하나 까딱하지 않게 한다. 고기 종류와 굽기 정도가 다른, 여러 테이블의 고기를 상추에 싸서 내 입으로 배달해준다. 이 순간만큼은 맛있게 먹는 것, 그리고 계산하는 것만이 내 역할이다.

　이렇게 여학생들, 남학생들과의 결혼 발표 여행을 무사히 마쳤다. 그리고 우리 아이들은 결혼식 날까지 카운트다운에 들어갔다. 몇몇 축가 준비 위원회(?) 대표들이 결혼식장을 미리 찾아가 동선과 장소의 크기 등을 조사하고, 축가와 간단한 율동도 맞춰보았다. 축가의 솔로 부분을 맡을 보컬을 뽑기 위해 공개 오디션도 진행했다. 심사 위원은 동 학년 선생님들이었다.

드디어 결혼식 날

사실 이날은 워낙 정신이 없어서, 내 머릿속에 지우개가 있는 것처럼 하나도 기억이 나지 않는다. 하지만 '경이로운 순간'인 딱 한 장면만은 확실하게 내 머릿속에 남아 있다. 내 인생에서 소중한 것이 무엇이냐고 물어본다면 1초의 망설임도 없이, 나에게 숱한 경이로운 순간을 선사해준 '3년간의 아이들'이라고 말할 것이다. 그 아이들이 한자리에 모여 있었다. 한 해 한 해 분절된 추억으로 존재했던 아이들이 한자리에 모두 모여 있었다. 그리고 나를 위해 한목소리로 내가 가장 사랑하는 한 사람(아내)을 위해 노래하고 있었다. 짙은 신랑 화장을 뚫고 눈물 한 방울이 흘러내렸다.

결혼한 해의 나의 제자들. 내 인생의 가장 중요한 순간을 함께하고 빛나게 해준 아이들이었다. 2017년에 나는 사랑하는 아내와 결혼했고, 사랑하는 아이들과 함께했다.

자율과
자치

학생들이 주인이 되어 스스로 만들어가는 학급 자치는 아이들에게 참 의미 있는 경험이다. 학년 교육과정 전체를 교사가 중심이 되어 만드는 것이 아니라 학생과 교사, 그리고 학부모들까지 함께 소통하며 만들어간다. 우리 아이들에게 자율을 선물하자 경이로운 순간이 선물로 돌아왔다.

갈등에서 조화로

아이들은 이제껏 자율과 책임을 경험해본 적이 없기에, 처음에는 마치 맞지 않는 옷을 입은 것처럼 어색해했다. 아이들의 취미와 관심에 따라 만든 자율 동아리는, 한 주 만에 동아리를 옮기고 싶다는 아이들, 만든 동아리가 맘에 들지 않아 없애고 싶다는 아이들까지 나오면서 처음에는 삐그덕대기도 했다.

여러 동아리 중에서도 가장 기억에 남는 동아리는 밴드부다. 학년에서 잘나간다는 아이들이 모인 밴드부는 음악을 좋아하는 아이들이 모이기는 했지만, 악기를 제대로 다루는 아이는 딱 한 명뿐이었다. 나머지는 그저 초등학생들의 인기곡인 "사랑을 했다 우리가 만난~" 하는 'iKON(아이콘)'의 노래만 주구장창 부르는 아이들이었다. 그뿐 아니라 자기 고집이 센 아이들이 모여 있다 보니 갈등도 이만저만이 아니었다. 제대로 연습해서 공연을 하고 싶은 목표 지향적 리더와, 함께 모여 웃고 즐기면서 하자는 인간 중심적 부원들 사이에서 마찰이 일어나기 시작했다. 결국 선생님의 개입이 필요한 지경에 이르렀다. 아직은 갈등 해결에 어려움을 겪는 사춘기 아이들이기에(사실 우리 어른들도 갈등을 잘 해결한다고 할 수는 없다) 선생님의 도움이 필요하다.

몇 차례 면담을 하고 동아리원들의 서클(회복적 서클) 활동을 통해 밴드부 규칙을 만들었다. 목표 지향적인 리더의 의견대로 개인 연습 시간과 전체가 맞춰보는 시간을 확보하고, 인간 중심적 부원들을 위해 적절한 휴식 시간과 간식 시간을 마련하기로 했다. 이렇게 아이들 사이의 갈등을 조율하고 나니 악기 소리가 들리기 시작했다. 사실 옆 반에서 들려오는 음악 소리는 음악 소리라기보다는 소음에 가까웠다. 하지만 경이로운 순간을 만나기 위해서는 기다림과 인내심이 필요하다.

이 모든 소음을 참아내며, "너희들 정말 많이 늘었다" 하고 칭찬하며 간식 시간에는 꼭 함께 보내며 아이들의 이야기를 들었다. 간식 시간을 활용해 오늘 연습 시간에 서운했던 점이나 칭찬할 만한 점을 서로 나누기도 했다.

그러기를 몇 주. 현장체험학습을 떠나기 일주일 전이었다. 아이들 입에서 "선생님, 저희 현장체험학습 가서 공연해볼래요"라는 말이 나왔다.

"좋지, 그런데 무슨 곡을 할지 골랐어?"

"네~ 〈오랜 날 오랜 밤〉이요."

"그, 그래……. 한번 잘해봐."

마침내 현장체험학습 날이 되었고, 점심 식사를 한 뒤 들른 공원에는 우리 밴드부를 위해 마련하기라도 한 듯 야외 공연장이 있었다. 이런 예상치 못한 행운은 경이로운 순간을 탄생시키기 위한 하늘의 도움이 아닐까?

사실 아이들보다 더 떨린 사람은 나였다. 나는 아이들과 함께 객석에 앉았다.

툭, 툭, 툭, 툭.

한 아이가 카혼을 두드리는 소리로 노래가 시작되었다.

"별 하나 있고 너 하나 있는 그곳이 내 오랜 밤이었어."

자신 있게 곡을 시작한다.

"밉게 날 기억하지는 말아줄래요. 아직도 잘 모르겠어. 당신의 흔적이 지울 수 없이 소중해."

이 가사를 끝으로 공연을 무사히 마쳤고, 객석에서 아이들의 함성이 터져 나왔다. 나는 이 모습을 여러 선생님들과 멀리서 가만히 지켜보며, 아이들의 모습에서 진한 감동을 느꼈다.

처음에는 자율 동아리를 지속해야 하는가를 두고 계속 고민이 될 만큼 걱정거리였지만, 어느새 우리 아이들은 서서히 교육과정의 주인공이 되어가고 있었다.

무사히 공연을 마치고 돌아오는 버스 안에서 이어폰을 꺼내 귀에 꽂아본다. 공연 때 아이들이 부른 '악동뮤지션'의 〈오랜 날 오랜 밤〉을 재생시켜본다.

'이렇게 좋은 노래였구나.'

마음을 따뜻하게 하는 노래였다. 우리 아이들과 딱 어울리는 그런 노래.

사실 원곡은 우리 아이들이 부른 것보다 훨씬 더 멋진 곡이었다. 하지만 우리 아이들이 갈등을 이겨내고 하모니를 이루며 완성한 그 곡은 내게 '경이로운 하모니' 그 자체였다.

삶으로의 민주주의

　자율 동아리 중 인상적인 동아리가 또 하나 있었다. 이 동아리 이름은 '자전거 크루'. 하지만 그 동아리는 아쉽게도 한 주 만에 사라지게 되었다. 현실적으로 40분 수업 안에서 아이들이 자전거를 탈 만한 시간 여유도 없을뿐더러, 안전상의 문제로 학교에서 허락해주지 않았던 것이다. 하지만 아이들의 자전거 사랑까지 막을 수는 없었다.

　학교에 자전거를 타고 오는 아이들 수가 하나둘씩 늘어나기 시작했다. '자전거를 타고 학교에 등교해도 되는가'라는 안건으로 학년 자치 활동을 했고, 보호 장비를 반드시 착용한다는 조건으로 자전거 등교를 허락하게 되었다. 아이들이 정한 것이니 일단 아이들을 믿고 맡겨보았다. 그로부터 두 달 뒤, 학년 안건 게시판에 자전거 사용에 관한 불만들이 하나둘씩 올라오기 시작했다. 마침내 자전거 등교를 두고 학년 자치 '다이소'(많을 '다', 다를 '이', 소통할 '소', 우리 학교 6학년의 전체 협의체제)를 열게 되었다.

　처음에는 교사인 내가 진행을 하다, 자전거 등교를 찬성하는 아이들과 반대하는 아이들이 자발적으로 공개 발언대에 나와 열띤 토론을 벌였다.

　발언대에 나온 두 아이 외에도 모든 아이들이 집중하여 친구들의 토론에 귀 기울였다. 자신의 삶과 밀접한 안건이기에 관심을 갖지 않을 수 없었던 것이다.

예전에는 학급 어린이 회의 개회 선언, 국민의례, 이주의 생활 반성, 내주 생활 실천 계획, 각 부서 발표, 건의 사항, 기타 토의 사항, 선생님 말씀, 교가 제창, 폐회. 이 순서에 따라, 아이들의 삶과는 동떨어진, 형식적인 회의가 이루어졌었다. 학습부장, 체육부장, 미화부장이라는 감투를 쓰긴 했으나, 본인들도 무슨 일을 해야 하는지 전혀 알지 못했다. 이런 형식뿐인 공허한 민주주의를 지양하고, 아이들의 삶과 밀접한 협의와 민주주의를 배워본다.

선생님이 빠진 채 아이들이 열띤 토론을 벌이며, 스스로 교육과정의 주인, 이 학교의 주인, 학교 규칙과 학교 민주주의의 주인이 되는 것 같았다. 이 모습은 내가 경험한 또 하나의 '경이로운 순간'이었다.

아이들의 취미가
나의 취미가 되다

결국 '다이소'를 통해 학교에서의 자전거 사용이 전면 금지되었다. 자율 동아리 중에서도 '자전거 크루'는 해체되었는데, 학교에서 타는 것마저 금지되니 자전거를 사랑하는 소위 '자전거 덕후' 아이들은 실망이 이만저만이 아니었다. 침울해 있는 아이들을 보니 가만있을 수가 없었다.

"야! 자전거 크루들 다 모아봐!"

선생님의 한마디에 그날 오후 자전거 크루들이 바로 한자리에 모였다.

"너희들 학교에서 자전거 못 타게 되어서 기분이 안 좋냐?"

"다이소에서 정한 거니까 어쩔 수 없지만 아쉽기는 해요."

"그럼 학교 등하교 시에는 탈 수 없으니까, 방과 후에 선생님이랑 가까운 곳에 라이딩 한번 다녀올래?"

"좋죠. 애들 모아볼게요."

사실 나는 자전거도 없고 라이딩 경험도 없었다. 하지만 자전거 타는 건 자신있었다. 할아버지가 사주신 자전거를 여섯 살 때부터 타기 시작해서 중학교 때까지 자전거 핸들을 놓아 본 적이 없었다. 특히 중학교 때 탄 자전거가 지금의 내 하체를 만들어준 것이나 다름없었다. 시골에서 다니던 중학교가 집에서 제법 먼 곳에 있었다. 걸어서는 50분이지만 자전거를 타고 가면 논길로 15분이면 갈 수 있었다. 선택의 여지가 없었다. 그래서 나는 비가 오나 눈이 오나 자전거를 타고 논길로 등교를 했다. 비가 오는 날이면 자전거를 타지 않고 우산을 쓰고 갈 법도 했지만, '50분을 걸어가느니 비 맞고 15분 만에 가는 게 낫다'고 생각했다. 비가 오는 날, 질퍽질퍽한 논을 지날 때는 자전거를 등에 짊어지고 지나가야 했고, 시골길이라 평지가 아닌 경사가 급한 오르막, 내리막길을 다니기도 했다. 그러다 보니 자연스럽게 나의 하체는 누구도 따라오지 못할 만큼 두꺼워졌고, 그때는 그것이 콤플렉스이기도 했다. 물론 지금은 이런 하체를 만들어준 자전거에 감사할 뿐이다.

그 후로 20년 만에 자전거와 조우했다. 아이들과 떠나게 된 봄 라이딩. 선생님에게 맨 앞 자리를 내어준다. 나는 몇 가지 수신호를 아이들과 정한 뒤 천천히 페달을 밟기 시작했다.

조금만 벗어나니 시내에 있는 우리 학교에서는 볼 수 없는 풍경들이 펼쳐진다. 넓은 논과 밭, 그리고 그 옆으로 흐르는 조그만 실개천. 시원한 바람이 우리들의 머리카락을 휘날리며 그 밑에 숨어 있던 귀를 간지럽힌다. 얼마쯤 달렸을까? 멋을 아는 한 아이가 음악을 틀었다. 블루투스 스피커로 흘러나오는 음악으로 인해 눈과 귀가 더욱 즐겁다.

'아, 이 녀석들이 이 맛에 라이딩을 하는구나.'

아이들의 마음이 새삼 이해되었다.

그렇게 달리다 어느 조용한 곳에 도착해 자전거를 세워놓았다. 잠시 뒤 전화가 울린다.

"선생님, 저 연우 엄마인데요. 저희 연우가 오늘 학교에서 성호한테 놀림을 당했다고 하네요."

성호는 오늘 나와 자전거 라이딩을 함께 하고 있는, 지금 내 바로 옆에 있는 아이였다.

전화를 끊고 성호에게 오늘 일어난 일을 물어보았다. 교실이 아닌 야외에서 진솔한 대화를 나누니 그 아이의 깊은 속마음까지 들을 수 있었다. 자기 잘못을 스스로 깨달은 성호는 다음 날 연우에게 사과했고, 이 문제는 가볍게 해결되었다.

우리가 쉰 곳은 굴다리 밑 조용한 곳으로, 인적도 드물고 조용했다.

"선생님, 여기가 저희 아지트예요."

나는 그렇게 아이들의 아지트에 무혈입성했다.

'이 녀석들, 자기들 아지트를 순순히 나에게 알려주네.'

아이들의 아지트에서 한 시간가량 이런저런 이야기를 나누며 시간을 보냈다.

학교에서는 소위 문제를 일으킬 잠재력이 농후한 아이들로 여겨지는 '자전거 크루' 아이들. 밖에서 함께한 이 아이들은 문제아도 아니고 특이한 아이들도 아니었다. 그저 자전거를 사랑하고 친구의 정이 그리운, 마음 따뜻한 아이들이었다. 더 멋진 추억의 한 장면을 위해 우리는 거기서 짜장면을 시켜 먹기로 했다.

"너희들이 자주 시켜 먹는 곳에서 시켜."

"네, 선생님."

'어라, 이 녀석들. 여기서 지들끼리 짜장면도 시켜 먹나 보네.'

"선생님, 오늘은 배달 안 한대요."

아쉽지만 함께 짜장면을 배달시켜 먹는 추억은 다음으로 미뤘다. 그 대신 우리는 근처 중국집에 가서 짜장면 곱빼기와 탕수육을 잔뜩 먹고 헤어졌다.

이날 이후로 나는 내게 지금의 하체를 선사해준 자전거와 다시 사랑에 빠졌다. 자전거 라이딩의 맛을 살짝 본 나는, 아는 선생님의 도움으로 비싼 자전거를 하나 장만하게 되었다. 사실 이건 아내도 모르는 비밀이다. 그때는 결혼 전이었다. 결혼을 하면 자전거는 결코 살 수 없을 것 같았다. 그래서 아내

몰래, 결혼 한 달 전에 자전거를 구입한 것이다.

　나는 이렇게 우리 아이들을 통해 내 삶의 행복한 취미를 더 갖게 되었다. 지금도 마음이 답답하거나 땀을 쫙 빼고 싶을 때면, 나의 애마(자전거)를 타고 집을 나온다.

　그리고 얼마 전 '자전거 크루' 중 한 명을 길에서 만났다.

　"자전거 잘 타고 있니?"

　"네, 선생님! 나중에 자전거 종주 한번 해야죠!"

　"그래, 너희들 고등학교 가면 꼭 다시 한번 뭉치자!"

　그렇게 아이들과 자전거 종주를 약속했다.

　가끔 아이들이 SNS에 자전거 묘기 동영상을 올린다. 자전거를 보면 내 가슴도 동시에 뛴다. 몇 년 뒤 이 녀석들과 다시 떠날 라이딩을 기대하며, 뛰는 가슴을 먼 미래의 그곳에 가져다 놓기로 한다.

여학생들과 곱창

회사나 가정, 그리고 어느 공동체건 큰 행사를 마치고 나면 회식을 하며 회포를 풀곤 한다. 나의 학급 경영 방식도 비슷하다. 학급 행사를 마치거나 큰 수고를 하고 난 다음에는 아이들과 회식을 한다. 꼭 이런 기회가 아니더라도 상담이 필요하거나 그냥 내가 배고플 때, 혹은 '이 아이랑은 꼭 밥을 한번 먹어야겠다'라는, 교사의 직감에서 신호가 올 때 나는 고민 없이 아이들과 밥을 먹는다.

'여학생들과 밥 한번 먹어야겠다'라는 생각이 든 것은 그중 두 번째에 해당한다. 1년이라는 긴 시간 동안 남학생이건 여학생이건 사소한 다툼으로 의가 상하거나 인연을 잠시 끊는 일이 생기는 것은 연례행사 중 하나다. 특히 여학생들은 이런 일을 왕왕 겪는다. 이런 작은 일들이 조금씩 쌓이고 쌓이면 터지는 법, 어느 정도 차오르기 전에 반드시 해소가 필요하다.

하지만 그해 아이들은 이상하리만큼 그런 일이 거의 없었다. 그런 일도 조금씩 만들어줘야 선생님도 밥값을 할 텐데, 이 녀석들은 좀처럼 선생님 역할을 할 기회를 주지 않고 있었다. 결국 '내가 배고파서' 여학생들과 밥 한 끼 먹으러 갔다.

한 여학생을 조용히 불렀다. 이런 일을 진행할 때에는 이런 행사를 잘 진행하고 이끄는 아이들이 있기 마련이다. 그런 아이에게 작은 역할을 부여해주면, 내가 진행할 때보다 훨씬 더 매끄러울 뿐만 아니라 감동도 크다. '경이로운 순간'을 포착할 가능성이 더 커지는 것이다.

"여학생들이랑 곱창 한번 먹으러 가고 싶은데 어때?"

"곱창이요? 한 번도 안 먹어봤는데……."

"그러니까 먹으러 가자는 거야. 정 못 먹는 아이들은 옆집에서 햄버거 사줄 테니 너희들끼리 시간 한번 잡아봐."

"네!"

날이 다가오기 전에 아이들은 시간을 조율해왔다. 이런 일은 사실 은밀하게 진행되어야 한다. 남학생들이 알면 야단나기 때문이다. 물론 남학생들과는 스포츠 관람을 하러 다니기 때문에 차별이라고는 볼 수 없다. 여하튼 '여학생들하고만 간다'는 그 표현할 수 없는 '선택적 감격'이랄까, 그런 요소로 인해 아이들은 가기 전부터 설레고, 그날을 기다리기 시작한다.

여학생들이 정한 그날, 아침부터 날씨가 꾸물꾸물하다. 아이들도 나도 우산을 가져오지 않았다. 다행히 우리가 출발할 때까지는 비가 오지 않아, 곧장 곱창 맛집으로 향했다.

"안녕하세요~"

문을 열고 여학생들이 떼로 들어간다. 사실 이렇게 어리고 고운 여학생들이 단체로 곱창집에 들어오는 장면은 사장님도 좀처럼 볼 수 없었을 것이다. 우리는 마치 음식점을 전세라도 낸 듯이 제일 좋은 자리로 세 테이블을 점령했다. 옆 테이블에서는 벌써 곱창전골 냄새가 모락모락 피어오르고 있었다.

'과연 어떤 맛일까.'

아이들은 호기심이 발동하기 시작한다.

"여기 곱창전골로 12인분이요."

각 테이블당 4인분씩 시키고 기다려본다. 학교, 교실이라는 곳을 잠시나마 떠나 다른 공간에 있으면 아이들은 꼭 학생이 아닌 것 같다. 자신들을 옥죄는 그 무언가가 무장해제되나 보다. 평소에 하지 않던 이야기까지 다 털어 말해준다. 굳이 내가 질문하지 않아도 자진해서 술술 털어놓으니 나는 이미 곱창전골값은 번 셈이다.

한참을 떠들고 나니 맛있는 곱창전골이 테이블마다 놓인다. 어떻게 저어야 하는지, 어떻게 먹어야 하는지 모른다. 그저 말없이 휘휘 저어본다. 나를 지켜보던 옆 테이블 여학생들도 따라서 휘휘 젓는다.

"다 익었다. 먹어라."

아이들은 어떻게 먹어야 할지 3초 정도 머뭇거린다. 내가 먼저 한입 맛있게 먹고 나니, 우리 테이블 여학생 몇몇이 곱창을 입으로 가져가기 시작한다. 옆 테이블까지 하나둘씩 곱창 맛을 느껴보기 시작한다. 10분이 지났을까? 곱창 씹는 소리가 식당 안에 가득 찼다. 불판 위의 곱창이 서서히 바닥을 보이기 시작한다.

"먹을 만하니?"

"네, 처음 먹었는데 맛있는데요?"

"여기 공깃밥 비벼주세요!"

그날 우리는 곱창 12인분과 공깃밥 6개를 깔끔하게 해치운 뒤, 서비스로 받은 사이다로 마무리를 했다.

식당에서 나오자 비가 조금씩 내리기 시작한다. 일부러 큰길을 피하고 지름길인 골목을 택했다. 요즘 나는 아이들과 다닐 때 앞에 서지 않는다. 맨 뒤에서 아이들이 가는 길을 지켜본다. 이날도 내 앞으로 아이들이 뛰어간다. 저마다 경쾌한 발걸음으로 골목길을 달려간다.

어린 시절 우리는 이런 골목길에서 학교가 끝나자마자 옹기종기 모여 이런저런 놀이를 하며 하루를 보냈다. 하지만 아이들이 점령했던 그 골목길에 언제부턴가 그곳의 주인들이 보이지 않는다. 그곳의 주인인 우리 아이들은 골목을 떠나 이런 저런 학원으로 내몰렸다. 학원으로 내몰린 이 시대의 아이들을 보자니 마음이 안타깝다. 내가 누렸던 그 시골 골목길의 추억, 드라마 〈응답하라 1988〉의 주된 배경으로 나왔던 그 골목길의 추억. 우리는 그 추억과 기쁨을 아이들에게 분명 물려주었어야 했다. 하지만 어른들의 잘못으로 그 추억과 기쁨을 아이들에게 온전히 물려주지 못하고 학원과 스마트폰에 아이들을 빼앗기고 말았다.

모처럼 나의 어린 시절을 떠올리게 하는 그 골목길에서 아이들이 달려가는 모습을 뒤에서 지켜보았다. 이 모습을 점점 더 자주 보여주기를 바라면서.

"날아라! 얘들아, 푸른 하늘을. 달려라! 얘들아, 푸른 벌판을. 그리고 뛰어 놀아라! 얘들아, 이 좁은 골목길을."

대윤
크루들

예전에 갈등이 잦았던 여학생 세 명과 방과 후 데이트를 한 적이 있다. 학원과 공부에 찌들어 있는 아이들에게는 선생님과의 이런 여유 시간이 마냥 좋은 듯하다. 우선 함께 가까운 놀이동산에 가서 스트레스를 푼 뒤, 대화하기 좋은 패밀리 레스토랑에 가기로 아이들과 이야기를 끝냈다.

"놀이동산이랑 패밀리 레스토랑은 너희들이 선택한 곳이니 데이트 코스에 선생님이 원하는 곳 하나 넣어도 되니?"

"그럼요~"

어딘지도 모르면서 호기심과 기대를 품고 흔쾌히 승낙해준다. 내가 생각한 곳은 바로 서점이었다. 아이들이 책을 한 권씩 골라 서로에게 선물하고, 그 책에 서로에게 롤링페이퍼를 써주는 의미 있는 의식을 놀이동산과 식당 사이에 끼워 넣을 심산이었다.

내가 의도한 대로 모든 일이 순조로이 착착 진행되었다. 놀이동산에서 몸을 부대끼며 이미 마음이 가까워져 있었다. 그 마음 그대로 서점에 가서 서로에게 책을 선물한다. 그것도 마음이 담긴 편지와 함께. 그리고 마지막으로 몸의 양식을 채우러 식당에 도착했다. 이런 상황과 장소에서는 전문 상담가가 아니어도 이야기가 술술 풀릴 듯하다. 아이들과 깊은 이야기를 나눌 수 있었다. 그중 한 아이의 이야기가 지금도 기억에 남는다.

"저도 선생님이 꿈이에요. 그런데 선생님 같은 선생님은 안 될 거예요."

평소 짙은 화장을 하고 헤어롤을 말고 다니는, 무엇보다 틴트 전문가인 이 녀석의 꿈이 선생님이라니 의외였다. 기쁜 마음도 잠시, '나 같은 선생님이 되지 않겠다'니 이건 기분이 좀 나쁜데?

"저는 선생님이 되어도, 샘처럼 그렇게 애들한테 퍼주는 선생님은 안 될 거예요. 이렇게 뭐 사주고 내 돈 써가면서 아이들한테 잘해주기는 싫거든요."

아이의 솔직한 말에 한 번, 나를 그렇게 좋게 보았다는 생각에 또 한 번 마음이 흐뭇하다.

가끔 이런 상상을 해본다.

'내가 가르친 제자가 선생님이 되어 나를 찾아온다면?'

'내가 가르친 제자가 나의 옆 반 선생님이 된다면?'

그 어떤 순간보다 보람 있고 벅찰 것이다. 간혹 선생님이 되고 싶다는 아이들의 말을 들으면, 나는 이 아이들에게 어떤 선생님의 모습을 보여주고 있는지 돌아보게 된다. 교사로서 행복하고 보람된 모습을 보여주는지, 힘들고 팍팍한 모습을 보여주는지 모르겠다. 여하튼 교사로서 두 가지 모두 가지고 있으니 둘 다 알았으면 좋겠다.

한 선생님으로부터 연락이 왔다.

"대윤 샘, 잘 지내지? 작년처럼 우리 학교 1, 2학년 아이들 대상으로 레크리에이션 좀 부탁해도 될까?"

전화를 받고 고민이 되었다. 내가 레크리에이션 강사도 아니고, 게다가 우리 학교 학생이 아닌 다른 학교 아이들을 대상으로 재미있게 진행할 수 있을까? 무엇보다 작년에 만났던 아이들을 다시 만나야 한다. 식상하지 않게 새로운 게임을 가지고 찾아가야 하는데……. 여러 생각으로 고민하던 중 좋은 생각이 머리를 스쳐간다. 이런 생각들을 나는 '경이로운 순간을 만드는 순간 창조력'이라고 부른다.

우리 아이들에게 교사로서의 또 다른 삶을 보여주자. 우리 6학년 아이들과 함께 가서 레크리에이션을 진행해보자. 교사로서의 삶도 아이들이 눈으로 직접 보게 할 뿐 아니라, 6학년이 진행을 도와주면 진행이 훨씬 매끄러울 것이고, 작년과는 다른 프로그램이니 그 학교 1, 2학년 아이들에게도 새로운 재미가 있을 것이다. 일석삼조 정도는 될 것 같았다.

"네, 선생님, 좋아요. 그런데 올해는 우리 반 아이들을 도우미로 몇 명 데려가도 될까요?"

"오~ 좋지. 무척 기대된다. 우리 대윤 샘이 가르친 아이들이 어떤 모습일지. 그래, 꼭 데리고 와~ 우리 대윤 크루들."

대윤 크루들.

뭔가 멋진 말이면서도 부담스러운 말이다. 나의 아이들? 내가 가르친 나의 아이들? 나에게 배워서 나의 모습과도 닮아 있고, 삶을 대하는 태도 역시 닮아 있는 나의 크루라…….

며칠 뒤 나는 '대윤 크루'들을 데리고 그 학교를 찾게 되었다. 사실 며칠 전부터 서로 머리를 맞대고 구상했었다. 1, 2학년들과 어떤 게임을 할지, 이 게임은 누가 진행을 하고 누가 어떻게 도와줄지, 간식과 상품을 뭘 사 갈지, 대윤 크루들이 큰 힘이 되었다. 계획을 짜고 준비하는 과정도 모두 함께했다. 이렇게 준비를 해서 학교에 도착한 것이다.

보통은 그곳이 자기 '홈'이라고 1, 2학년 아이들이 주인 노릇을 좀 한다. 나는 찾아간 손님이기에 초반에는 그곳의 기운에 눌려 있기 마련이다. 하지만 이번에는 혼자가 아니었다. 대윤 크루들과 함께이다 보니 전혀 기죽지 않았다. 오히려 당당하게 아이들 앞에 선다. 처음에는 1, 2학년 아이들이 오히려 이게 무슨 상황인지 어리둥절한 표정이다. 하지만 그런 어색한 시간도 잠시, 준비한 과자 따 먹기로 레크리에이션을 시작했다. 옆에서 잡아주고, 1, 2학년 아이들을 줄 세우고, 승패로 싸우는 아이들을 진정시키고, 대윤 크루들의 활약이 대단하다. 준비한 게임이 하나하나 진행될수록 그들(홈팀)과 우리(대윤과 크루들) 사이의 어색함이 점차 사라지고 심리적인 거리뿐만 아니라 물리적인 거리마저 가까워진다. 1, 2학년 아이들이 형, 누나 등에 업히고, 좋아서 손을 잡고 난리다. 만약에, 정말 만약에 이 크루들이 아니었다면 지금의 그 역할은 오롯이 나의 역할이어야 했겠지? 생각만 해도 아찔하다. 무사히 1시간 30분간 레크리에이션을 마치고 크루들과 함께 인사를 하고 나왔다.

수고한 아이들과 이 멋진 시골 학교에 왔으니 그냥 돌아갈 수 없었다. 비 온 뒤 맑은 금강의 풍경은 우리를 그곳에 머물게 했고, 우리는 거기에서 유럽에서나 볼 법한 작품 사진을 남길 수 있었다.

선생님의 삶은 어떤지 아이들이 몸소 느끼며 배울 수 있었을 것이다. 그뿐 아니라 '왜 내가 교사를 하는지', '교사인 나는 무엇을 먹고 힘을 내는지', '교사에게 감동적인 순간이란'······ 무엇보다 중요한 이 질문들을 내가 다 말하지 않아도 아이들

은 몸으로 가슴으로 느꼈을 것이라 생각한다.

때로는 '번 아웃' 될 정도로 아이들에게 내 시간과 에너지를 모두 쏟아 소진해버릴 때가 있다. 소진된 에너지를 나는 어디서 다시 충전시키는가, 라는 질문의 답도 아이들에게 있다. 나를 다시 충전시키는 힘도, 나를 다시 일으키는 힘도, 바로 아이들이 주는 감동적인 순간들이 아닐까?

오늘도 방과 후의 뻔한 일상(학원, 공부, 피시방, 스마트폰)으로부터 벗어나, 멀리 펼쳐진 비 온 뒤의 구름과 무지개를 향해 달려나가는 아이들의 모습을 보고 힘을 얻는다. '경이로운 순간'은 멀리 있는 것이 아니라 지극히 현실적인 내 일상, 내 삶, 우리 아이들의 가까운 삶 안에 숨어 있지 않을까?

실패는 곧
'경이로운 순간'의 초석

미래를 예측하는 책들이 쏟아져 나오고 있다. 미래를 예측하건 상황을 예측하건 사람의 행동을 예측하건, 예측에 절대적으로 필요한 것은 수많은 경험의 통계적 산물인 데이터다.

하지만 우리네 인생은 이런 데이터만으로는 예측되지 않는다는 데 큰 매력과 소소한 즐거움이 있다. 뻔한 일상이 반복되면서 우리의 짧은 안목으로도 예측 가능한 일만 펼쳐진다면, 우리는 곧 매너리즘에 빠지게 될 것이다. 그렇기에 오늘도 우리 삶에 펼쳐지는 예측 불가능한 상황, 때로는 우리를 당황하게 하고, 때로는 우리를 좌절하게 만들기도 하는 실패(우리의 예상과 예측을 빗나가는)의 상황들은 우리 눈앞에 경이로운 장면을 선사하기도 하고, 우리가 더욱 단단해지도록 돕기도 한다.

우리는 삶의 선배, 즉 교사로서 삶의 이러한 진리를 먼저 깨달아 알기에 아이들에게 이를 가르쳐야 한다. 실패는 실패로 끝나는 것이 아니라 경이로운 순간의 초석이 될 수 있다는 사실과, 실패를 경이로운 순간으로 승화시킬 수 있는 사고의 메커니즘을 아이들에게 삶으로 가르쳐야 한다.

삼겹살 파티

해마다 여름이 되면 아이들과 함께 삼겹살 파티를 한다. 삼겹살이나 라면 같은 추억의 음식들은 그 맛 자체보다는 추억으로 먹게 만드는 음식이기에, 아이들과 이 추억을 먹는 행사를 해마다 꼭 계획한다.

아직 시도해보지 않은 선생님이라면 이런 장면을 떠올릴 듯하다.

'먼저 준비할 게 많을 것이다. 버너와 불판, 물론 고기가 필요할 것이고, 고기와 곁들일 쌈 채소와 쌈장까지. 이 준비만으로 교사는 며칠이 걸릴 것이다. 막상 당일이 되면 교사는 혼자 고군분투하며 고기를 구울 것이다. 아이들은 먹으라는 고기는 안 먹고 자기들끼리 신이 나서 논다. 그러다 고기 먹자는 말에 신나게 뛰어와서는 고기만 날름 먹고는 다시 자기들끼리 놀러 갈 것이다. 다 먹고 나면 뒷정리가 걱정이다. 아이들은 집에 보내고 혼자서 터덕터덕 그 자리를 정리해야 하리라. 그렇게 교사는 고기 한 점 먹지 못하고, 고기 냄새만 온몸에 밴 상

태로 집에 돌아와 뻗는다.'

하지만 우리 6학년 아이들과 삼겹살을 먹는 것은 생각보다 큰 어려움이 따르지 않는다. 먼저 계획이 중요하다. 나는 고기만 제공할 뿐 모둠별로 준비물을 알아서 챙겨오게 한다. 아이들은 능수능란하게 준비물을 분담한다. 교사인 내가 개입하지 않아도, 아이들끼리 조율하고 협의하여 거뜬히 해낸다. 당일에는 아이들 몇 명과 함께 고기를 사러 간다. 고기는 삼겹살로만 사면 비용이 많이 들기 때문에 삼겹살과 앞다리살을 반씩산다. 앞다리살은 삼겹살의 반 가격이지만, 비계가 많은 삼겹살보다 오히려 앞다리살을 더 좋아하는 아이들이 있다.

"자, 모둠별로 세팅을 마치면 선생님한테 와서 고기를 받아가세요."

나는 가운데 테이블에서 집게를 들고 있다가 고기가 떨어지면 접시를 가지고 오는 모둠에게 고기를 나눠 주기만 하면된다. 아이들은 알아서 고기를 잘 굽고 잘 먹는다. 심지어 모둠별로 여러 종류의 쌈을 만들어 내 입에 쏙 넣어준다. 나는 그렇게 앉아서 아이들이 주는 사랑의 쌈을 먹기만 하면 된다. 저마다 가져온 채소와 소시지도 구워 먹는다. 대부분의 모둠은 라면도 준비해와서 고기를 다 먹은 뒤 후식으로 라면을 끓여 먹기도 한다. 치우는 것도 아이들 몫이다. 모둠별로 책임지고 자신들이 먹은 자리를 깨끗이 치운다.

이렇게 쉽게 할 수 있는 학급 행사이기에, 올해도 내 머릿속에 그려지는 계획대로 무난하게 잘 진행되리라 믿고 있었다. 하지만 늘 그렇듯이 우리 인생이 어찌 계획대로만 펼쳐지겠는가. 이번에도 어김없이 우리 앞에 예측하지 못한 일이 도사리고 있었다.

　고기를 다 구워 먹고 라면을 끓이려던 참이었다. 갑자기 빗방울이 툭, 툭툭, 툭툭툭툭툭…… 소나기였다. 잔뜩 벌려놓은 상을 치우기에는 이미 빗방울이 굵어졌다.

　"자기 모둠 것 전부 그대로 두고 정자로 대피!"

　스물다섯 명의 다 큰 아이들이 몸을 부대끼며 비를 피해 정자에 앉아 있다. 눈앞에는 엉망진창이 된 우리의 고기 파티 흔적이 보인다. 이쯤 되면 '무엇 하러 이런 걸 했나' 하는 생각이 든다. 그러나 눈을 조금만 옆으로 돌려보면 또 다른 풍경이 보인다.

　우리가 6년간 다니던 학교, 이제 한 학기밖에 못 다닐 우리의 학교가 보인다. 빗줄기 속으로 보이는 학교는 우리가 여태껏 보지 못한 모습이다. 누구랄 것 없이 경이로운 침묵에 빠져든다. 비가 정자 지붕으로 떨어지는 소리, 바닥에 떨어지는 소리가 이 풍경에 묘미를 더한다. 우리는 엉망진창이 된 풍경에서 시선을 돌려, 빗소리와 함께 펼쳐지는 우리의 학교를 한참 동안 바라보았다. 아이들에게는 6년간의 추억과 꿈이 담겨 있는 공간이고, 나에게는 5년간의 땀과 열정, 눈물이 담겨 있는 공간이었다.

잠시 뒤 소나기가 그쳤다. 엉망진창이 되어버린 우리의 파티 장소를 복구해야 했다. 방금 전 얻은 그 감동과 기쁨으로 우리의 장소는 순식간에 복구되었다.

"자, 라면 끓이자!"

진짜 라면의 맛은 비를 맞고 먹을 때 느낄 수 있을 것이다. 나는 아이들에게 라면을 끓여주었다. 후후 불어가며 서로의 얼굴을 쳐다보니 웃음이 나온다. 비에 젖어 불쌍해 보이는 친구가, 먹는 것도 불쌍하게 먹고 있으니 웃음이 나오지 않을 수 없다.

예상치 못한 소나기가 우리의 열정에 찬물을 끼얹었을 수도 있었다. 한숨을 내쉬며 '이거 언제 다 치우지'라고 할 수도 있다. 하지만 실패는 곧 경이로운 순간의 초석이다. 예상치 못한 그 순간이 우리가 여태껏 볼 수 없었던 우리의 공간, 우리의 학교를 다시 보게끔 만들어주었다.

적자가 난 바자회

바자회를 하면 대부분 이익을 남기지 손해를 보는 경우는 극히 드물다. 수익이 나면 그걸로 뭘 할지 생각하는 것만으로도, 계획을 하면서부터 들떠 있기 마련이다. 하지만 그해에는 바자회가 끝나고 나서 정산을 해보니 수익이 매우 적었다. 어떤 부스에서 적자가 났는지 알아보니, 두 여학생이 운영한 파스타집에서 많은 적자를 냈다.

두 친구를 불러 물어보았다.

"왜 적자가 되었어?"

"우리가 준비한 파스타 재료가 150인분이었어요. 그런데 둘이 요리를 하다 보니 그 시간에 50인분밖에 팔지 못해서 재료가 많이 남았어요."

"아~ 그랬구나, 이번 일을 통해 뭘 배웠어?"

"시장조사를 미리 해서 재료를 적당히 샀어야 했어요."

"오~ 중요한 것을 배웠구나. 그럼 이 적자를 최소화할 수 있는 방법은 없을까?"

"남은 재료를 가지고 우리 반 아이들에게 파스타를 만들어주고 싶어요. 우리 반 아이들은 바자회를 하는 동안 우리 파스타를 맛보지 못했거든요."

"좋지~"

그렇게 우리 반은 '아침밥을 먹자' 캠페인 기간에 파스타 파티를 하게 되었다. 일본식 식당처럼 두 여학생이 음식을 요리를 해서, 바로 앞 테이블에 앉아 있는 아이들에게 즉석 음식을 내놓기로 했다. 바자회 때보다는 적은 인원이니 과정이 복

잡히지 않고 면이 퍼지지도 않았다. 바자회 물건을 파느라 파스타는 맛보지도 못했다며 불평했던 아이들도 좋아했다. 남은 재료를 가지고 우리는 파스타를 배불리 먹는 호사를 누릴 수 있었다.

그러다 한 아이가 공짜로 먹기는 미안하다며, 두 친구 앞에 자발적으로 500원을 내놓는다. 아이들 몇 명이 500원, 혹은 1000원, 2000원씩을 내놓았다. 놀랍게도 아이들이 자발적으로 지불한 금액은 재료값으로 적자를 본, 딱 그 금액만큼이었다. 파스타 요리사 두 학생과 나는 아무 말 없이 서로를 쳐다보며 이 놀라움 광경을 무언無言으로 표현했다.

다시 교실 정리를 하고 아이들에게 글을 쓰게 했다.

"이번 일을 통해 느낀 점을 글로 써보렴."

글감이 확실하고, 글로 풀어낼 감정과 감동이 풍성하게 남아 있으니 글쓰기가 술술 된다.

'학교에서 무엇을 가르쳐야 할까?'

오늘 나는 아이들에게 실패를 가르쳤다. 아니, 아이들은 스스로 실패를 경험했다. 다행히도 아이들은 사회에서가 아니라 학교에서 첫 실패를 맛보았다. 아이들은 자신들의 인생에서 반드시 겪어야 할 실패를 미리 배웠다. 실패를 딛고 경이로운 순간(친구들의 자발적인 도움으로 딱 맞는 금액을 메운 감동)을 경험했으니, 다음번에 또 실패를 겪더라도 오늘의 경험을 경이로운 순간의 초석으로 삼을 것이라고 믿는다.

실패가 경이로운 순간의 초석이 되는 일은 교실에서 숱하게 일어난다. 먼저 인생 선배인 선생님이 실패를 두려워하지 않는 의연함과 용기를 아이들에게 삶으로 보여주고, 실패의 순간을 경이로운 순간으로 변화시켜가는 과정을 함께 경험해 보면 어떨까. 이 과정이 우리가 가르쳐야 할, 중요한 삶의 교육과정이 아닐까?

로스 허용

우연히 지인으로부터 '로스loss'라는 단어를 들었다. 수천만 원에 달하는 월수입 통계를 잡을 때 1퍼센트의 손실 차는 허용해준다는 내용이었다. 끝자리 1원까지 딱 맞춰야 속이 시원하겠지만, 큰 금액을 처리하다 보면 그 정도의 오차는 분명 생기기 마련이다. 일반적으로 1퍼센트의 오차와 손실, '1퍼센트 로스'는 허용한다는 사회적 통념에 비추어 볼 때, 우리 아이들에게는 좀 더 높은 수준의 실수 허용 범위가 필요하지 않을까?

선생님들은 보통 어느 날 갑자기 "자, 오늘은 이런 주제로 글을 써보세요"라며 무서운 과제를 아이들에게 부여한다. 상황도 맥락도 없이 들이미는 이런 식의 글쓰기는, 도리어 아이들에게 글쓰기에 대해 무미건조한 경험만 제공하게 된다. 글쓰기가 지옥같이 느껴지게끔 만들고 마는 것이다.

교사에게도, 아니 전문적으로 글을 쓰는 작가에게도 이런 식으로 글쓰기를 하게 한다면 매우 어려움을 겪을 것이다. 상황과 맥락에 따라 마음에 차고 넘치는 무언가를 자연스레 글로 풀어내게 해야지, 마음에도 없는 것을 소재로 차가운 글을 강제로 쓰게 하는 것은 좋지 않다.

상황과 맥락을 만들어주자. 그런 다음 상황과 맥락 안에 글쓰기 활동을 넣어보자. 때로는 묵묵히 기다리며 적절한 상황과 맥락을 포착해본다. 그리 먼 시점이 아닌, 어떤 분명한 시기에 글쓰기 타이밍을 포착할 수 있을 것이다.

얼마 전에 『아름다운 실수』라는 그림책을 아이들과 함께 읽었다. 그다음에 자신의 인생에서 저지른 실수를 앞에 나와서 발표하게 했다. 그리고 '토닥토닥 카드'를 활용하여 서로를 격려하고 보듬었다. 나 또한 내 실수를 아이들 앞에서 솔직히 나누었다.

프로 야구 선수는 세 번 중 한 번만 안타를 치면(0.333) 강타자로 분류된다. 아이들이 몇 번씩 삼진과 헛스윙 같은 실수를 해도, 가끔 터져 나오는 안타나 홈런 같은 순간들을 바라보며 그들을 받아내면 어떨까.

도시락에 숨겨진
아이들의 삶

이제는 도시락 세대와 급식 세대로 나뉜다. 지금처럼 학교 급식이 이루어지기 전에 각자 도시락을 싸서 다니던 도시락 세대와, 학교 급식이 일반화되면서 더 이상 도시락을 싸지 않아도 되는 급식 세대로 구분된다. 도시락 세대를 좀 더 세분화하면, 양은 도시락 세대와 보온 도시락 세대로 나뉘기도 한다.

나는 도시락 세대에서 급식 세대로 넘어오는 과도기 세대에 속한다. 초등학교 때에는(정확히 국민학교 5년, 초등학교 1년이다) 급식소가 있어서 학교 급식을 먹었고, 중학교 때에는 다시 엄마가 매일 싸주시는 도시락을 먹었다.

도시락 세대건 급식 세대건 우리는 저마다 도시락에 관한 사연을 하나쯤 가지고 있다.

요즘 현장체험학습은 예전의 소풍과는 사뭇 다르다. 친구들과 선생님과 함께 하는 손수건 돌리기, 가슴 떨리는 보물찾기 같은 정겨운 놀이는 사라지고, 다양한 체험 중심의 현장체험학습이 진행된다. 학교마다 다르겠지만 대체로 오전에 체험 프로그램이 진행되고, 간단히 점심을 먹은 뒤 일찌감치 학교로 출발한다.

우리 때(도시락 세대)의 소풍과 요즘(급식 세대)의 현장체험학습의 풍경이 다른 만큼 도시락의 모습도 많이 달라졌다. 오늘 아이들의 도시락을 보고 감탄을 멈출 수가 없었다. 보기에도 아름다운 형형색색의 도시락들이, 먹기에도 아까울 만큼 다양하게 펼쳐져 있었다. 우리 때에는 너나 할 것 없이 거의 똑같이 김밥 한 줄로 통일되었다. 조금 더 시간을 거슬러 올라가 우리 부모님 때에는 사이다 한 병과 삶은 계란이었다고 한다.

우리 세대에 싸 오던 일반적인 김밥은 보이지 않는다. 샐러드 김밥, 치즈 김밥, 돈까스 김밥 등 재료들이 아이들 입맛에 맞게 다양할 뿐만 아니라 그 크기와 모양도 다양하다. 사실 김밥은 아이들에게 인기 메뉴가 아니다. 저마다 기호에 따라 유부초밥, 소시지, 베이컨말이, 새우볶음밥, 과일, 소떡소떡 등 나의 구미를 당기는, 다양한 음식들이 가득하다.

교사들은 아침 일찍 주문한 김밥을 몇 줄 먹는다. 사실 우리가 사 온 김밥보다 아이들이 내 입에 넣어주는, 부모님 사랑이 듬뿍 담긴 음식들이 훨씬 더 맛있다. (절대 그런 음식을 바라는 것은 아님을 밝힌다.)

아이들이 싸온 도시락을 보고 있으면, 몇몇 아이들과 도시락이 생각난다. 부모님이 두 분 다 안 계셔서 할머니, 할아버지와 사는 아이가 있었다. 현장체험학습 전날 걱정이 되어서 물어보니, 할머니께서 김밥 살 돈을 주겠다고 하셨다. 그 아이는 다음 날 아무렇지도 않게 검은 비닐봉지에 삼각 김밥 두 개를 사 가지고 왔다.

또 어떤 아이는 화려한 도시락에 비하면 다소 투박하고 소박한, 할머니가 싸주신 김밥을 가지고 온다. 엄마가 베트남 사람인 다문화 가정 아이의 도시락에는 엄마의 고향 메뉴인 베트남식 새우볶음밥이 들어 있다.

하루는 도시락을 싸올 형편이 안 되는 아이가 있어, 내 것과 아이 것으로 두 개를 사 간 적이 있었다. 그런데 그날 아침 아이 손에는 도시락이 하나 들려 있었다. 그것도 아주 예쁘고 먹음직스러운 도시락이었다. 아이에게 물어봤다.

"도시락은 누가 싸줬어?"

"누나가 싸줬어요."

5학년인 누나가 전날 장을 봐서 새벽부터 일어나 자기 것과 동생 것까지 도시락 두 개를 직접 싼 것이었다.

이와 비슷한 상황이었던 한 아이도 있었다. 그 아이의 도시락은 한 친구의 도시락과 똑같았다. 고맙게도 한 학부모님이 자기 자녀와 동네 친구이자 같은 반 친구인 아이의 상황을 알고 친구 도시락까지 함께 싸준 것이다. 두 친구는 같은 도시락을 사이좋게 나눠 먹었다. 그런 상황을 전혀 부끄러워하지 않는 아이들의 모습이 순수하고 아름답게 느껴졌다.

　나 또한 도시락에 관한 사연이 있다. 잠깐 도시락 세대(양은 도시락이 아닌 보온 도시락 세대)였던 중학교 시절, 나는 엄마가 싸주시는 도시락을 자전거에 싣고 학교에 다녔다. 매일같이 새벽부터 도시락을 싸주시는 엄마의 고마움도 모른 채, 무거운 보온 도시락을 들고 다니는 것이 귀찮아서 짜증을 낸 적도 있었다. 보온 도시락에는 통이 세 개 들어 있었다. 맨 위에는 반찬통, 그 아래에 밥통, 맨 아래에는 국통이었다. 한창 먹을 때였으니, 나는 국통에까지 밥을 담아서 가지고 다녔다. 그렇게 먹어도 항상 배고프던 시절이었다. 그렇게 나는 밥통 두 개, 반찬통 한 개를 가지고 다녔다.

그러던 어느 날 보육원에 있는 친구가 도시락을 싸 가지고 다니지 않는다는 것을 알게 되었다. 물론 보육원에서는 아이에게 도시락을 싸줄 수 없으니 돈을 준다고 했다. 하지만 친구는 그 돈으로 다른 것을 사야 해서 항상 점심을 굶고 있었다. 친구에게 내 도시락의 국통에 담긴 밥을 주고 반찬은 같이 먹었다. 엄마한테는 비밀로 했다. 말했어도 엄마한테 혼나지는 않았을 텐데 그땐 그냥 그래야 할 것 같았다.

"엄마, 나 달걀 프라이 먹고 싶어. 국통에 넣는 밥 위에 달걀 프라이도 하나 올려주면 안 될까?"

그 시절 나는 그렇게 엄마 몰래 도시락을 두 개로 만들어 친구랑 함께 나눠 먹었다.

이처럼 도시락은 우리에게 다양한 사연을 남겨준다. 도시락에는 아이들의 삶이 숨어 있다. 나의 추억과 삶도 담겨 있다. 그리고 때때로 도시락은 우리에게 '경이로운 순간'을 만들어준다.

미안하다, 영재야!

이제 와서 용서를 구할 일이 있다. 지금으로부터 8년 전이었다. 나는 군 입대를 앞두고 그해에는 교과 전담을 맡았다. 우리 반 아이들이 없다는 건 참으로 외로운 일이었다. 특히 현장체험학습을 떠나는 날에는 더더욱 그렇다. 시골 학교이다 보니 1학년부터 6학년까지 전교생이 같은 날, 같은 장소로 현장체험학습을 떠났다. 나는 담임이 아니라 전담이어서, 담임 선생님들이 아이들을 데리고 체험학습을 하는 동안 아이들의 도시락 가방을 지켜야 했다. 맡은 반이 없는 죄로 나와 보건 선생님 둘이서 그 많은 가방과 자리를 지켰다.

그렇게 한참이 지났다. 그 당시 관사 생활을 하던 나는 아침을 먹지 않았다. 그래서였을까? 배에서 꼬르륵 소리가 났다. 김밥 냄새가 아이들의 가방을 뚫고 내 '코' 레이더에 잡혔다. 그 순간 같은 마음이었을까? 도시락을 함께 지키던 보건 선생님과 눈이 마주쳤다.

"하나만?"

이렇게 시작된 김밥 훔쳐 먹기. 티가 안 나려면 큰 도시락에 많이 싸온 아이의 것을 먹어야 했다. 가방이 제일 빵빵한 데다, 오늘 아침에 김밥을 많이 싸왔다고 자랑했던 영재의 목소리가 떠올랐다. 영재의 가방을 조용히 열고 도시락을 꺼냈다. 역시나 영재의 도시락에는 김밥이 세 줄로 쌓여 있어, 양이 꽤 많아 보였다.

"딱 한 개씩만 먹어요~"

나와 보건 선생님은 김밥 도둑 공범이 되어 김밥 한 개씩을 먹었다. 어느새 하나가 두 개가 되고, 두 개가 세 개가 되었다. 결국 약 3분의 1을 먹고 말았다. 낭패였다. 구석구석까지 꽉 차 있던 도시락이, 이제는 그 안의 김밥이 설렁설렁 움직일 수 있는 공간마저 허락하고 말았다.

두 시간 후 체험학습을 갔던 선생님들과 아이들이 돌아왔다. 우리는 영재를 유심히 바라볼 수밖에 없었다. 기대되는 마음으로 도시락을 꺼낸 영재는 표정이 다소 굳어졌다.

"어, 이상하다. 엄마가 왜 이렇게 김밥을 조금만 쌌지?"

우리는 그 이유를 알고 있었지만 말할 수 없었다. 배고픈 영재를 위해 현장에서 급하게 산 김밥 한 줄과 과자를 주었고, 영재는 영문도 모른 채 고마워했다.

지금이라도 영상 메시지를 보낼 수 있다면 영재에게 이렇게 전하고 싶다.

"영재야! 선생님이야. 8년 전 너의 도시락이 조금 비어 있어서 당황했지? 정말 미안해. 선생님이 허락도 없이 너의 도시락에 손을 댄 건 있을 수 없는 일이고, 있어서도 안 되는 일이었어. 어디서 어떻게 지내는지 모르지만, 다시 만나게 된다면 그 김밥을 갚을 만큼 맛있는 거 꼭 사줄게. 미안해. 용서해주라."

급식
알리미

학교에서는 하루 평균 한두 통의 안내장이 가정으로 발송된다. 그 사안이 중요하든 그렇지 않든 관계없이 다양한 내용의 안내장이 학생들의 손을 거쳐 부모님에게 전달된다. 안내장은 아이들의 가방에서 접힌 상태로 몇 달씩 화석처럼 보관되기도 하고, 처음부터 가방에 들어가지도 못한 채 버려지기도 한다. 설령 학부모에게 전달되더라도 온전히 인식되지 못하고 방치되거나 버려지는 경우도 다반사다. 학교에서 전달하고자 하는 내용이, 도중에 변질되거나 사라지고 마는 것이다. 이러한 문제를 해결하기 위해 요즘에는 안내장 알림 서비스 기능을 하는 다양한 앱이 등장했다.

이런 스마트한 앱을 선전하려고 하는 것은 아니다. 다만 스마트 앱보다 더 생생하고 가깝게 정보를 전달해주는 한 아이를 소개하려 한다.

아이들은 거의 모든 안내장에 관심이 없다. 하지만 그중 단 하나. 그 안내장에는 유독 관심을 보이며 정독을 한다. 그것은 바로 '급식 안내장'이다. 다음 달에는 어떤 반찬이 나오는지, 어떤 음식이 우리의 위와 장을 행복하게 해줄지 설레는 마음으로 이곳저곳에서 옹기종기 모여 토론의 꽃을 피운다.

아이들의 이런 관심을 반영해, 학급 게시판 뒤 한쪽 구석에 급식 안내장을 붙여놓곤 했다. 이때만큼은 게시판이 제 기능을 온전히 수행하는 시간이기도 하다.

그런데 어느 날부턴가 아이들이 게시판에 붙어 있는 '급식 안내장'을 보지 않게 되었다. 4교시를 마치고 급식을 먹으러 줄을 설 때부터 앞다투어 게시판 앞에 모여들곤 했는데, 어느 순간부터는 그런 광경을 볼 수가 없었다. 그때만큼은 아이들 눈이 반짝거리며 참 행복해 보였는데, 일시적이나마 그런 모습을 볼 수 없다는 것이 아쉬웠다.

다음 날 나는 원인을 발견할 수 있었다. 아침 1교시 전에 한 쪽 무리의 대화 내용을 엿듣게 된 것이다.

"야, 오늘은 점심때 탕수육 나온다."

"어, 그래? 아싸! 오늘 하루 내내 신나겠다~"

"내일은 핫도그 나오니까 기대해도 좋아."

"수요일은 크림빵 나오니까, 우유는 미리 먹지 말고 놔뒀다가 같이 먹어."

아이들의 급식에 대한 관심은 여전히 뜨거웠고, 한 아이가 급식 알리미 역할을 자처하며 맛깔 나게 메뉴를 알려주고 있었다.

나에게는 급식이 대수롭지 않다. 그저 내가 먹는 세끼 식사 중 한 끼일 뿐이다. 아니, 오히려 집에서 내 기호에 따라 차려 먹는 차분한 두 끼의 식사보다 못한 경우도 많다. 그런데 아이들은 급식 메뉴에 왜 이렇게 열을 올릴까? 더욱이 그 '급식 알리미' 아이는 어째서 하루 급식 메뉴뿐만 아니라 한 주 치 혹은 한 달 치 급식 메뉴까지 외우고 다닐 정도로 관심이 많은 것일까? 그 아이의 삶을 조금만 깊이 들여다보니 답이 나왔다. 평소 다른 곳에는 의욕이 거의 없던 아이가 급식에 유난히 관심을 보였던 이유는 나머지 두 끼에 있었다.

어느 날 우연히 아이와 이야기를 나누면서 아이의 상황을 알 수 있었다. 상담이라고 하기에는 가벼운, 그저 일상적으로 주고 받는 대화에서 오히려 더 깊은 이야기가 나올 때가 많다.

"선생님, 저희 엄마가 집을 나가셨어요."

이 엄청난 이야기를 덤덤하게 하는 아이 모습에 내가 오히려 긴장하게 된다. 이럴 때는 최대한 아무렇지도 않은 척하는 것이 제일 어렵다. 아이의 말에 무엇보다 밥을 어떻게 해결하는지 걱정이 된다.

"아침이랑 저녁은 어떻게 먹니?"

"아침은 안 먹고, 저녁은 할아버지가 차려줄 때도 있고 그렇지 않을 때도 있어요."

그럼 하루에 두 끼를 먹거나 한 끼를 먹는다는 이야기다. 평소 이 아이가 먹는 양에 비해 몸이 마른 이유를 알 수 있었다. 그리고 아이가 왜 그렇게 급식 메뉴에 집중했는지 이해가 되었다.

아이의 이야기를 듣고 난 뒤 4교시 전에 물어봤다.

"오늘은 뭐 나오냐?"

"오늘은 뼈다귀탕에 쫄면이 나와요. 전 쫄면 두 번 먹을 거예요."

평소에 음식을 두 번 세 번 받으러 가는 아이를 나무란 적이 많았다. 급식 조리사 선생님들도 자꾸 더 받으러 나오니 탐탁지 않아했다. 그도 그럴 것이, 아이가 좋아하는 것이 나오는 날에는 상상할 수 없을 정도로 다시 받으러 가기를 반복했으니 말이다.

급식 알리미를 담당한 이 녀석에게는 자기만의 삶의 애환이 있었다. 남들 눈에는 식탐이 많아 보이고, 쓸데없는 데에만 관심을 갖는 특이한 아이로 보일 수 있다. 미안하지만 가장 가까이 있는 나에게도 그렇게 보였으니 말이다.

오늘은 급식을 또 받으러 나가는 아이를 나무라지 말아야겠다.

아이스크림에서 인디스쿨로,
인디스쿨에서 삶으로

교사에게 수업 시간은 그 어느 시간보다 중요한 시간이다. 수업은 배움의 장이자, 아이들이 경험할 인생의 축소판과도 같다. 수업에서 아이들은 교과 내용뿐만 아니라 친구들과 협력하는 법, 사회에서 지켜야 할 배려와 규칙을 온몸으로 느끼고 배우게 된다. 수업 시간 외에도 아이들을 일대일로 만나기도 하고 교과를 떠나 직접적인 삶으로 만나기도 하지만, 수업만큼 배움과 직접적으로 맞닿아 있는 만남의 시간은 극히 적다.

무엇보다 중요한 수업 시간, 이 수업의 전문성을 향상시키기 위해 선생님들은 부단히 노력한다. 특히 교수법의 기술적인 부분을 위해 연수를 찾아다니기도 한다. 하지만 시간이 지날수록, 이런 배움도 중요하지만 수업 시간에 아이들을 대하는 태도, 학급의 허용적인 분위기, 교사와 학생의 관계가 더욱 중요함을 깨닫게 된다.

1년에 한두 번씩 의례적으로 공개하는 수업(학부모 수업 공개, 동료 수업 공개)이 아니라, 매일 대여섯 시간 동안 만나는 일상적인 수업. 그 수업은 교사인 나에게 어떤 의미인가? 아이 삶의 3할을 차지하는 그 일상의 수업이 아이들의 삶에서 어떤 의미인가? 수업에서 우리는 행복한가? 교사도 학생도 수업에서 활짝 웃고 있는가? 서로가 협력하고 마음껏 사랑하며, 자신의 의견을 표출하고 진정한 자유를 경험하는가?

교사가 되어 여기까지 오면서 나 자신에게 이런 질문을 끊임없이 던져왔다. 그러면서 그리 길지 않은 나의 교육 경력 안에서 나의 수업도 나름대로 변화를 겪어왔다. 부끄럽지만 솔직하게, 숨기고 싶지만 용기 내어 나의 수업 변천사를 소개해 본다.

교과서와 호통의 시대

임용 시험에 합격한 뒤, 사회 초년생이 가져야 하는 어떤 마음의 준비나 혹은 교사로서 갖추어야 할 사명감과 수업 기술들은 듣도 보도 못한 채, 집과는 많이 떨어진 고창의 어느 시골 학교로 발령이 났다. 발령이 나기 전 일주일간 짧은 연수만을 듣고, 나는 곧장 그곳에 떨어졌다. 무엇을 어떻게 가르쳐야 하는지도 몰랐다.

무식하면 용감하다고 했던가. 교육에 대해 아무것도 몰랐지만(물론 지금도 안다고 할 수는 없다) 자신은 있었다. 평소 말솜씨가 좋은 편이고 사람들과 관계를 잘 맺는 나로서는 그거면 되겠다 싶었다. 학교에 출근한 첫날 나는 교과서를 펴놓고 아이들을 가르쳤다. 가끔 적절한 유머로 아이들을 웃겨주는 것 말고는, 수업 속 경이로운 순간은 딱히 찾아볼 수 없었다. 그러다 아이들이 집중하지 않는다 싶으면, 크게 호통을 쳐서 집중시키곤 했다. 지금 생각해보면, 그런 수업을 받으며 아이들은 오죽 힘들고 답답했을까?

수업력 향상의 아이템 '아이스크림'

검색창에 '아이스크림'이라고 치면 달콤하고 시원한 그 아이스크림이 뜬다. 하지만 옆에 연관 검색어로 작게 '초등 아이스크림'이 떠 있는 것을 발견할 수 있다. 아이스크림이라고 하면 누구나 앞의 아이스크림을 떠올리겠지만, 초등학교 선생님에게 아이스크림이라고 하면 교육 사이트인 '아이스크림'이 먼저 떠오를 것이다.

이 사이트에는 무궁무진한 자료들이 탑재되어 있다. 교과 내용뿐만 아니라 관련 동영상이나 각종 사진 자료, 거기에 아이들의 쉬는 시간까지 책임지는 각종 동화 자료, 선생님들의 연수 자료에서 아이들의 평가 자료까지 없는 것 빼고 다 있다.

가히 혁명적인 이 아이템을 발견하고는 나의 교직 생활과 수업은 매우 평탄한 길을 걷게 된다. 여기서는 모든 것을 손가락 클릭 하나로 다 해결될 수 있다. 소위 '클릭 교사'라는 말도 여기서 나왔다. 특별한 준비를 하지 않아도 클릭만으로도 제법 재밌고 유익한 수업을 진행할 수 있으니 말이다.

선생님들의 자료 창고 '인디스쿨'

'아이스크림'의 신세계를 경험하다 나는 군 입대를 했다. 제대 후 돌아와 복직한 뒤에는 동료 교사 선생님들이 사용하시는 '인디스쿨' 사이트를 발견하게 되었다. 이곳은 여러 선생님들이 참여하는 공유의 장이다. 각 교과와 학년마다 전국의 선생님들이 업로드해놓은 각종 수업 자료들이 어마어마하게 공유되고 있다. 내가 할 일은 그저 그 많은 자료 중 내 수업과 맞는 자료를 내려받아 수업에 적용하는 것뿐이었다. 시간이 조금 지나고 나니, 그 자료들을 내 수업에 맞게 수정해서 사용하게 되었다. 아이들이 재미있어했고, 나도 많은 시간과 에너지를 절약할 수 있었다.

아이의 삶과 맞닿아 있는 자료 '교사의 삶'

　교과서, 아이스크림, 인디스쿨의 자료를 활용하니, 수업 안에 '교사로서의 나'는 없고 교과서 혹은 다른 선생님만이 존재했다. 그 수업에 나의 삶은 묻어나지 않았고, 아이들의 삶도 온전히 담겨 있지 않았다. 차츰 우리(나와 아이들)의 삶과 멀리 떨어진 곳에서 수업 자료 가져오는 것을 줄이기 시작했다. 우리 삶에서 가져오는 자료, 우리 삶에서 나오는 배움으로 나의 시선이 옮겨가게 되었다. 교과서를 펴는 일이 점차 줄어들기 시작했다. 아이스크림을 사용하는 횟수가 줄어들고, 다른 선생님들의 자료를 그대로 가져다 사용하는 일이 사라져갔다. 오롯이 우리들의 이야기 안에서 수업이 만들어지고 펼쳐졌다.
　우리가 지금 살아가는 이곳과 동떨어진 배움이 아니라, 우리 삶과 가까운 배움, 우리 현실과 가까이 있는 배움과 수업은 살아 있고 생동감 있다. 나의 수업이 이런 변천사를 겪으면서, 수업 안에서 '경이로운 순간'이 탄생하기 시작했다.

　나의, 우리의 삶에서 나온 수업 몇 가지를 소개해보려 한다. 특별히 준비한 수업도, 수업 공개 때 했던 그런 수업도 아니다. 아이들, 교사의 삶과 가까운 수업이자 일상의 수업이다.

도덕 수업

주제는 '자긍심'.

자긍심 수업을 어떻게 할까 고민하던 중에 '나는 어릴 때 자긍심이 있었나?' 하고 생각해보니 나에게도 '외모 콤플렉스'가 있었다. 용기를 내어 어릴 적 사진을 찾았다. (그 덕분에 부모님과 한 시간가량 옛날이야기를 나눌 수 있었다.)

〈난 네가 좋아〉라는 노래로 음악 수업을 한 뒤, 이어서 자긍심에 관한 도덕 수업을 진행했다. 얼마나 자긍심을 갖고 살아가는지에 대한 자기 평가지를 풀게 했고, 자긍심에 대해 설명한 뒤 마지막으로 사진을 보여주었다.

"한 아이가 있었어요. 이 아이는 얼굴에 작은 점이 있어 외모 콤플렉스가 있었어요."

그 뒤로 한참을 이야기 한 뒤 "이 아이는 지금 어떤 모습으로 자라 있을까요?" 하고 질문을 던지자 아무도 대답이 없다.

"이 아이가 선생님입니다."

"......"

한참 동안 교실에는 침묵이 흘렀고, 몇몇 아이들은 눈이 촉촉해져 있었다.

교사로서 내 삶을 어디까지 보여주어야 하는지 항상 고민하지만, 삶과 삶으로 만나는 수업, 진정성 있는 이야기가 어떤 자료보다 훨씬 더 값지고 영향력 있다는 것을 깨닫게 된다.

미술 수업

2학기가 개학한 지 얼마 안 되었던 어느 날, 나짐 히크메트의 「진정한 여행」이라는 시에 깊이 있게 공감한 뒤, 2학기 버킷 리스트를 만들어보았다.

'아이들의 소소한 소원을 다 정리해서 하나하나 이루게 해 주어야겠다.'

나도 함께 버킷 리스트를 만들어보았는데, 나의 버킷 리스트는 '자전거 여행, 동해안 기차 여행, 아이에게 선물받은 모자 쓰고 수학여행 가기, 낚시, 비 오는 날 캠핑 의자에 앉아 책 읽기, 8시 전에 등교하기, 나의 책들에게 집 만들어주기, 파리에

가서 모닝빵 먹기, 루브르 박물관 가기, 아이들이랑 농구와 배구 보러 가기' 등이었다.

국어 수업 – 작품 읽기

내 수업을 생각하면 '즉흥적', '새로운 것', '나만의 것', 이런 키워드가 떠오른다. 방학을 앞두고 수업 진도를 거의 끝내고 나니 '당장 내일은 애들이랑 뭘 하지?' 이런 고민이 들면서 잠이 오지 않았다. 그럴 때는 무조건 책을 꺼내 읽는데, 책장을 살펴보다 아이디어가 떠올랐다. 아이들에게 의미 있는 책을 읽어주자는 것이었다.

4월에 내가 아주 감명 깊게 읽은 『모모』라는 책을 국어 시간에 그냥 읽어주었는데 반응이 참 좋았던 기억이 있다. 의외로 시각적인 자극이나 장치 없이도 아이들이 잘 듣고 잘 공감했던 것 같다. 그런 좋은 기억도 있고, 연수 때 느낀 점도 있고 해서 시도해보기로 했다.

먼저 후보로 떠오른 책은 『어린 왕자』, 『끝없는 이야기』, 『마당을 나온 암탉』 그리고 학년 도서로 30권 넘게 구매한 『6학년 1반 구덕천』, 『초정리의 편지』 등이었다. 이미 30권 넘게 구비되어 있는 책들로 하면 아이들이 함께 읽을 수 있다는 장점이 있었지만, 『마당을 나온 암탉』은 함께 읽고, 영화로도 보고, 그중 명대사를 캘리그라피 글씨로 써보는 활동까지 해볼 수 있겠다는 생각이 들어, 『마당을 나온 암탉』으로 정했다. (『어린 왕자』가 국어 수업 두 시간 동안 하기에 분량도 적절해서 선정하려 했으나, 내가 6학년 때 읽다가 어려웠던 기억이 떠올라 생각을 접었다.)

1교시부터 4교시까지 하면 다 읽겠지 했는데, 중간중간 이야기도 나누고 챕터마다 느낀 점도 공유하다 보니 길어져서 하루 종일 읽게 되었다. 읽는 도중에 지루하지 않게 휴대전화로 찍어놓은 책 속 삽화도 중간중간 보여주었다. 읽다가 감명 깊은 내용이 나오면 "스톱"이라고 외치게 했다. 그런데 사람의 감정이란 참 비슷한 게, 내가 "스톱"하고 싶은 장면이나 대사가 나오면 어김없이 아이들이 먼저 "스톱"을 외쳐주었다. 그리고 어느 순간에는 아이들이 동시에 "스톱"이라고 외쳤다. 그 순간에는 나도 모르게 전율이 느껴졌다. 왜냐하면 모든 아이들이 이야기에 집중하고 있을 뿐만 아니라, 책이 주는 깊은 감동을 모두 온 마음으로 받아내고 있다는 증거였기 때문이다.

책을 다 읽은 다음에는 간단한 활동지를 만들어, 소주제별로 느낀 점을 책과 영화 부분으로 나눠 정리하게 했다. 4월에도 했던 활동이어서 그런지 아이들이 귀로만 듣는데도 지루해하지 않고 잘 따라와주었다. 그리고 뒷부분으로 갈수록 나도 감정이 고조되었다. 아이들도 나의 그런 감정을 느꼈는지, 아니면 책 내용에 뭉클했는지 분위기가 다소 진지해지기 시작했다.

그렇게 온종일 한 작품을 읽고 나니 내 목은 쉬어 있었고, 아이들 네댓 명은 눈가가 촉촉해져 있었다. 아이들이 책을 사랑하지 않고 읽지 않는 이유들이 많지만, 그중 하나가 책을 읽으며 깊은 감동을 한 번도 경험해보지 못해서인 것 같다. 갈등이 시작되는 배경과 갈등을 겪는 과정, 그리고 그 갈등이 해결되는 모든 과정을 상세하게 들여다보았을 때만 느껴지는 온전한 감동. 그 감동은 책이 아니고서는 느낄 수가 없기 때문이다.

바쁘고 정신없고 내 마음이 고갈되려 하던 시점에 그토록 읽고 싶었던 책 한 권을 읽으면서 의미 있는 수업을 하고, 나도 회복되는 시간이었다.

일주일 뒤 우리는 영화로 나온 〈마당을 나온 암탉〉을 시청했다. 영화는 책과는 다르게 좀 더 시각적이고 볼거리가 화려했다. 하지만 책만이 주는, 묵직하게 밀려오는 감동만큼은 따라잡을 수 없었다.

책과 영화, 두 방법으로 작품을 접한 뒤 아이들에게 물었다.

"너희들은 영화와 책 중 뭐가 더 마음에 와 닿았니?"

모두 영화라고 대답할 줄 알았는데, 절반은 책이라고 대답했다. 영화만큼이나 책에서 감동을 얻었다고 해석하니, 이만하면 책 한 권이 주는 깊이 있는 감동을 느껴본 셈이다.

국어(기사와 연설문 쓰기)와 수학(비율 그래프), 자치 활동, 성장형 평가 연결하기

최근 들어서는 시대와 지역의 특수성을 반영하지 못하는 교과서 위주 수업에서 벗어나고 있다. 특히 국어 수업 시간에는 교과서를 전혀 사용하지 않았고, 사회 수업 시간에도 마찬가지였다. 수학도 삶 속에서 응용할 수 있는 다양한 자료를 활용하여 수업했다.

국어 시간에 연설문 쓰기를 학습하기 위해, 아이들이 학교생활을 하며 느낀 다양한 문제점을 취재한 후 그 문제점을 고발하고, 자기 의견을 주장하는 글쓰기를 하고, 연설문으로 발표하는 수업을 계획해보았다. 이 과정에서 문제점을 분석하여 비율 그래프로 표현해보는 과정도 접목시켜보았다.

주장하는 글쓰기는 '문제 상황 분석'에 많은 시간을 할애해야 한다. 학급 주변이나 학교 주변을 충분히 돌아다니며 우리 주변에서 일어나는 문제를 깊이 있게 찾아보게 했다. (이런 활동은 노는 시간 같지만, 제일 중요한 시간이다.) 마침 수학에서 비율 그래프 단원이 종료되어, 기사에 비율 그래프를 접목시켜 제출하게 했다.

마침내 떨리는 연설문 발표 시간이 왔다. 정확한 발음과 적절한 목소리, 태도, 발표 중간중간 의미 있는 침묵 배치하기. 이런 소소한 팁을 충분히 숙지시킨 후 발표자를 아이들 앞에 서게 했다.

이번 '슈퍼스타 K의 발표왕'에게는 여러 혜택이 주어진다.

1. 상금: 얼마 전 사회 시간에 배운 이웃 나라(일본)의 음식 맛보기('아리가또 맘마'라는 일식집을 함께 갈 예정).
2. 해외 진출권: 옆 반에 가서 연설할 기회가 주어진다.
3. 음반 제작권: 연설하는 과정을 선생님이 동영상으로 촬영하여 부모님께 보내드린다.

이 중 1번만 공개하고 2, 3번은 발표왕이 뽑힌 후에 공개했다.

한 명씩 앞에 나와 자신의 비율 그래프를 실물 화상기에 비추고 연설을 시작한다. 연설을 마치고 나면, 아이들이 그 연설에 대한 평가(동료 평가)를 직접 한다. 국어 교과서에 나오는 연설법보다 훨씬 더 다양한 피드백이 제시되고, 아이들이 보는 눈은 교사 한 명의 눈보다 훨씬 더 정확하고 의미 있었다.

이 수업에서 특히 감동적이었던 것은, 평소에 의욕이 없고 그 무엇도 끝까지 하지 못하던 아이가 연설문을 다 써 오고 훌륭하게 발표를 마쳤다는 점이었다. 교사인 나뿐만 아니라 아이들 모두가 감동받은 시간이었다.

국어 시간 네 시간 정도를 할애하여 완성한 비율 그래프와 연설문

모두가 연설을 마친 후, 떨리는 마음으로 투표를 했다. 나는 투표에 전혀 관여하지 않았는데, 아이들은 발표왕으로 그 아이를 뽑았다.

한 아이가 친구들 앞에서 처음으로 인정받은 순간이었다. 그리고 이 과정에는 그 친구를 묵묵히 도운 또 다른 친구들이 있었다.

발표 주제도 참으로 다양했다. 우리 반의 수면 시간 분석, 우리 반 아이들에게 가장 인기 있는 분식, 우유를 마시지 않는 문제, 지각, 성과 관련한 장난, 욕설 문제, 학교의 담배꽁초, 학교에 대한 만족감, 사교육 문제, 친구 사이, 껌 문제, 이성 교제, 우리 반 아이들의 공부 시간, 휴대전화 사용 시간 등 자치 활동으로 다룰 만한 다양한 주제가 나왔고, 연설문 발표 중간중간 그 주제들로 서로 토론하고 이야기해볼 수도 있었다.

그중 한 주제가 인상 깊었다. 화장실에 우리 반 아이를 욕한 낙서가 있었다. 그 낙서에 대한 고발과 함께, 범인을 잡아주고자 하는 아이의 마음이 담긴 훌륭한 연설이었다. 연약한 편이라 누구한테 말도 못 하고 울고 있는 친구를 위해, 자신의 글과 연설을 통해 도와주려는 아이들의 모습에 진한 감동을 받았다.

나를 위한 빅퀘스천 –
국어, 도덕, 창의적 체험 활동 통합 수업

나는 내 삶이 아이들의 삶과 맞닿아 있다고 생각한다. 교사인 나도 1년간 나의 인생길(배움의 길)을 걸어간다. 그 길을 감히 '나의 교육과정'이라고 말한다. 그 길에서 나오는 숱한 이야기와 자료들이 곧 아이들의 교육과정이 되기도 한다. 내 인생(내가 걸어가는 일련의 과정)이 아이들의 교육과정이 된다는 것은, 내 삶이 아이들에게 배움을 줄 만한 이야기들로 채워져야 한다는 의미이기도 하다.

어느 일요일 밤 열한 시, 다음 날 출근이 코앞에 닥친 우울한 시간. 잘까 말까 뒤척이다 텔레비전에서 재미있는 프로그램을 발견했다. '나를 향한 빅퀘스천' 4부작 다큐멘터리였다. 그날 방송은 4부 '왜 일을 하는가?'에 대한 다큐멘터리로, 감동적이면서도 재미있었다. 그 순간 이 주제를 수업에 접목시켜봐야겠다는 생각이 번뜩 들어 텔레비전을 껐다. 아이들과 수업 시간에 함께 보기 위해.

'나를 향한 빅퀘스천'은 4부작 프로그램이다.

1~2부: 왜 짝을 원하는가?

3부: 부부는 무엇으로 사는가?

4부: 왜 일을 하는가?

이처럼 인생의 원초적 질문이자 철학적 질문의 답을 찾아 여행을 떠나는 내용이다. '3부 부부는 무엇으로 사는가?'는 아이들에게는 이해할 수 없는 내용이 많아 제외하고, 4부 '일'과 관련한 부분과, 1부 '사랑' 부분만 수업에 활용하기로 했다.

드디어 월요일 아침, 아이들에게 한 주간의 수업을 소개했다.

"오늘부터 우리 인생에서 가장 중요한 여행을 떠나려고 해."

먼저 서로 얼굴을 보며 토론 및 발표를 할 수 있도록 ㄷ자 형태로 자리를 배치했다. 그리고 다음과 같은 순서로 수업을 진행했다.

첫 번째 여행: 왜 일을 하는가

1. '왜 일을 하는가' 다큐멘터리를 함께 시청하기.

2. 느낀 점을 포스트잇에 기록하기.

3. 글쓰기(숙제): 우리 부모님은 왜 일을 하시는지 조사해 오기, 나의 꿈(진로), 일을 해야 하는 목적(돈을 벌기 위해, 즐기기 위해, 일의 가치 때문에 등) 중 내가 원하는 가치는 무엇인가, 여러 목적 중 상충할 경우 나는 어떤 목적을 가지고 진로를 정할 것인가 등을 주제로 자유로운 글쓰기.

4. 한 명씩 나와서 발표하기: 아이들이 발표한 내용에서 다

양한 이야깃거리가 나왔다. 부모님의 일이 부끄럽지 않
은지, 내가 좋아하는 일과 부모님이 내가 하기를 원하는
일이 다르다면 어떻게 할 것인가, 내가 즐기려고 시작한
일이 돈이 되고 가치 있는 일이 될 수 있도록 만드는 메커
니즘이 중요하다는 내용 등 다양한 배움 거리가 나왔다.

두 번째 여행: 내 짝을 찾아 떠는 여행

1. '짝을 찾아서' 다큐멘터리를 함께 시청하기.
2. 느낀 점을 포스트잇에 기록하기.
3. 글쓰기(숙제): 우리 부모님은 어떻게 만나셨나요?(필수
   숙제)

   나는 어떤 사랑을 하고 싶나요?, 어떤 사람에게 호감을
   느끼나요?, 나의 이상형은?, 내가 생각하는 이성 교제
   는?, 돈과 사랑 중 나는 어떤 선택을 할 것인가? 등 여러
   주제 중 선택해서 글쓰기(막연하게 느낀 점을 쓰라고 하
   면 초등학생들은 어려워한다. 그래서 나는 주로 다양한
   질문 거리나 주제를 제시해주고 골라 쓰게 한다.)
4. 한 명씩 나와서 발표하기: 아이들의 발표에서 다양한 이
   야깃거리가 나왔다. 부모님이 만나서 사랑하게 된 이야
   기를 처음 들어봐서 즐거웠다는 아이도 있었다. 그런데
   일에 대한 의견은 많은 아이들이 나와서 발표했는데, 사

랑에 대해서는 부끄러운지 쭈뼛쭈뼛한다. 그러나 용기 있는 몇몇 아이들로 인해 점차 자연스럽게 분위기가 익어갔다.

5. 사랑과 관련된 영화 보기: <클래식> 함께 감상하기.

6. 글쓰기(숙제): 사랑과 우정 중에서 나라면 어떤 선택을 할 것인가?, 요즘과는 다른 방식(편지, 직접 만나기, 데이트 신청)의 사랑 표현 중 인상 깊었던 표현 방법은?, 이루어지지 않은 사랑도 좋은 추억으로 남을 수 있을까? 등의 주제 중에서 선택해서 글쓰기.

7. 숙제 발표.

8. 변진섭의 <희망사항> 노래 들려주기.

9. 노래 개사하기(여학생 VS 남학생): 남학생과 여학생에게 따로 시간을 주어 가사를 몰래 쓰게 한다. 1절은 남학생이 "나는 이런 여자가 좋더라"로, 2절은 여학생이 "나는 이런 남자가 좋더라"로 가사를 쓰게 한다. 그리고 아이들이 만든 그림 가사로 영상을 만들어 1절은 남학생이, 2절은 여학생이 부른다. 이때 서로의 가사는 절대 공개하지 않고, 노래를 부를 때 알게 하면 더 재미있다.

우리 반 말썽꾸러기, 숙제도 거의 해오지 않던 아이가 숙제를 해왔다. 솔직한 글이 인상 깊었지만, 그중에서도 한 문장이 특히 와 닿았다. '술 한잔 할 수 있는 사람이 좋겠다.' "그래! 술 마시면 솔직해지고, 좀 더 편하게 이야기 할 수는 있겠다" 라고 웃으며 이야기 나누었다.

　이렇게 인생 여행을 마친 후 행복에 관한 책을 아이들에게 선물하기로 했다.

　아이들의 삶과 연결될 '왜 일을 하는가?', '사랑은 뭘까?'와 같은 철학적인 질문을 많이 하고, 자주 이야기할 수 있어야 한다고 생각한다. 아이들과 한 주 동안 나눈 의미 있는 삶의 질문들은 나에게도 마찬가지로 의미 있는 질문들이었다.

　고작 6학년 아이들이 그런 질문에 답을 할 수 있느냐고? 당연하다! 아이들과 이야기 나누고 토론하면서, 교사인 나도 그 이 질문들에 더 깊이 머물 수 있었다.

앞으로의 수업

　앞에서 소개한 수업의 공통점은 삶과 가깝다는 점이다. 같은 학년을 맡게 되더라도, 해마다 다른 수업을 계획하고 창조해나간다. 그 창조의 힘은 타인의 것을 모방하는 데 있는 것이 아니라, 내 삶과 아이들의 삶 안에서 찾을 수 있다. 우리 삶에서 가져온 수업 자료는 다소 어설퍼 보일지 모르지만, 아이들에게는 흥미를 일으키고 적극적인 배움의 동기가 된다.

앞으로 남은 나의 교직 기간에도 수업과 관련한 내 안의 질문들은 계속될 것이다. 그리고 그 답을 찾아가는 것이 교사의 숙명이자 교직에서 풀어야 할 과제가 아닐까 생각한다.

TIP 난생처음 2학년에 도전하며 만들어본 '개미 학습법'

2학년 아이들에게 덧셈, 뺄셈, 받아올림, 받아내림을 가르칠 때였다. 학급 안 스무 명 아이들의 수준이 다 달랐다. 특히 1학년 때 배웠어야 할 기본 연산도 제대로 못하는 아이들이 있었다. 수업을 하다 보면, 어쩔 수 없이 잘 못하는 아이들의 속도에 맞춰 진행할 수밖에 없다. 이건 공교육 교사로서 당연한 의무랄까? 그렇다 보니 빨리 풀거나 이미 아는 아이들이 80퍼센트 이상이어도 그 아이들에게 맞춰 수업을 진행할 수가 없다. 더욱이 2학년 때 가르쳐주지 않으면, 그 결과는 고스란히 다음 학년 선생님에게 짐이 될 수밖에 없다.

결국 학생 간의 이러한 수준 차이를 극복할 수 있는 수업은 협동 학습이라는 생각이 들었다. 교사인 내가 한 명 한 명 다 지도할 수 없는 현실 앞에서, 협동 학습은 아이들이 서로 가르쳐주고 배우며 함께 성장할 수 있는, 좋은 수업 형태이다. 꾸준히, 부담되지 않게 하는 학습법이어서 '개미 학습법'이라고 이름 붙여보았다.

준비물: 이면지, 연필, 색연필

1. 혼자서 문제 풀기

이면지를 4등분하여 사용한다. 나무를 아끼고 자연을 사랑하는 우리 반 친구들에게는 이면지가 배움의 노트이고 성장 기록지이다. 4등분한 활동지 가운데에 이름을 쓰고, 한 문제당 한 칸씩 사용한다. 그러면 제법 큰 공간이 나오는데, 이것은 아이들의 문제 풀이 과정이 크게 적혀 있어야 서로 확인하기가 쉽기 때문이다.

먼저 개인적으로 조용히 문제를 풀어본다. 알든 모르든 일단은 문제를 푼다. 이때 모르는 학생은 친구들에게 물어보는 것이 아니라, 잘 모르면 그냥 빈칸으로 제출한다.

2. 쪽지 제출하기

문제를 다 풀었으면, 4등분한 이면지(활동지)를 두 번 접어서 모둠의 한가운데 둔다. 이때 서로 답을 훔쳐보지 않도록 한다. 안타까운 사실은, 아이들이 정답 맞히는 것에 예민하다는 것이다. 틀린다는 것은 배움의 기회인데, 아이들은 틀리는 것을 몹시 두려워한다. 부모님이나 선생님으로부터 "틀리면 혼난다"는 경고를 늘 받으며 자라기 때문이 아닐까 생각한다. 문제를 먼저 푼 친구들은 다른 친구들을 충분히 기다려주고, 시간이 걸려도 못 풀 것 같으면 그냥 빈칸으로 제출하게 한다.

3. 개봉 및 채점하기

모둠원이 활동지를 다 제출했으면 접힌 활동지를 개봉한다. 그리고 자신의 활동지가 아닌 다른 친구의 활동지를 채점한다. 성장형 평가(과정 평가)의 동료 평가에 해당한다.

4. 오답 수정 및 서로 가르쳐주기

답이 맞았을 경우에는 본인에게 돌려준다. 틀렸을 경우에는 채점자가 가서 알려주고 오답을 함께 수정해본다. 그런데 이때, 지우개는 절대 사용하면 안 된다. 오답도 배움의 기회이기에, 오답을 그대로 남겨두고 옆에다 색연필로 다시 풀이를 하게 한다. 그리고 그 문제 아래에 알려준 친구의 이름을 기록하게 한다. 이렇게 하는 이유는, 배우는 학생은 가르쳐준 친구에게 고마운 마음을 가지고, 가르쳐준 학생은 자기가 가르쳐줬다는 뿌듯함을 느끼게 해주기 위해서다. 아이들에게 친구는 더 이상 경쟁 상대가 아니고, 함께 성장해가는 동료라는 사실을 깨닫게 하고 싶었다.

이러한 과정에서 교사인 내가 시키거나 가르치지도 않았는데 아이들은 역시 나의 기대를 뛰어넘었다. 서로의 활동지를 채점하며, 단순히 채점만 하는 것이 아니라 코멘트를 써준다. "참 잘했어" "이제는 덧셈, 뺄셈을 잘한다"라는 등 서로에게 격려의 말을 써준다. 그뿐 아니라 자신의 오답을 이제는 부끄러워하지 않는다. 그리고 친구의 오답을 비웃거나 무시하지 않고 서로 다독이며 성장을 돕는다.

5. 오답 공유하기, 서로의 향상 칭찬하기

아이들 활동지 중 다 맞은 활동지가 아닌, 몰랐으나 새롭게 알게 되고 성장하게 된 아이의 활동지를 게시판에 게시한다. 아울러 교사인 내가 작성한 연산 과정의 '배움 설명지'를 함께 게시한다.

이 활동을 마치고 한 모둠의 반응에 뭉클했다. 1학년 때부터 수학을 잘 못했던 아이가 있는 모둠이었다. 내가 조금씩 가르쳐주어서 어느 정도 실력이 향상되어 나도 그 아이도 몹시 행복했다. 그런데 개미 학습으로 수학을 공부하면서 안타깝게 처음 두 문제를 틀렸다. 오답에는 분명 이유가 있었다. 하지만 모둠 친구가 알려주어 깨닫게 되면서 3번과 4번 문제는 맞힐 수 있었다. 그렇게 그 모둠에서 모든 친구가 틀린 답 없이 다 맞게 되자, 누가 시키지도 않았는데 서로 손을 모으고 "화이팅"을 외쳤다.

수업을 마치고 아이들이 집으로 돌아간 뒤 나는 교사 동아리를 진행하러 다른 반에 다녀왔다. 그리고 교실로 돌아와보니, 수업 시간에 몰랐던 문제를 알게 된 아이가 칠판에 친구들의 이름표를 모둠별로 정리해두었다. 작년부터 매시간마다 울고 친구들에게 피해의식이 강했던 아이가 이제는 친구를 신뢰하기 시작한 것이었다.

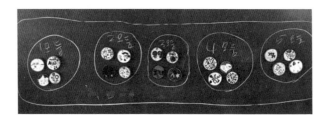

개미 학습법은 대단한 수업 기법도 아니고 새로운 수업도 아니다. 그저 어떻게 하면 아이들이 덧셈, 뺄셈을 잘할 수 있을까? 어떻게 하면 학습 부진으로 학교 수업이 버거운 아이가 없도록 할까? 라는 나의 고민에서 계획하게 되었다. 그런데 내가 계획하고 기대한 것보다 우리 아이들은 더 많이 성장했고, 나에게 더 큰 감동을 선사해주었다.

축구화

그해 남학생들은 유난히 축구를 좋아했다. 저학년 때부터 축구부를 해온 아이들이 있어서이기도 했지만, 스포츠클럽 축구팀이 인기몰이에 단단히 한몫하기도 했다. 특히 학교에 깨끗한 인조 잔디 축구장이 있어, 점심시간이나 틈이 날 때마다 아이들이 공을 차는 모습을 볼 수 있었다.

한번은 운동장 사용 문제 때문에 5학년과 6학년이 다투는 일이 있었다. 전통적으로 운동장은 은연중에 6학년들 차지였다. 하지만 5학년들이 합리적으로 문제 제기를 하여, 두 학년 간의 회의가 진행되었다. 민주적인 절차와 과정을 거쳐 6학년은 주 3회, 5학년은 주 2회 점심시간에 운동장을 사용하기로 결정되었다.

이처럼 절정에 이른 축구의 인기에 편승해 보이지 않게 축구 계급이 나뉘기도 했다. 소위 축구를 잘하는, 잘나가는 아이들과 축구를 못하는 아이들로 은근히 구별되는 분위기가 느껴졌다. 반별 축구 시합을 하면, 축구를 잘하는 그룹 아이들은 공격을 맡고, 나머지 아이들은 전원 수비를 하는 모습을 볼 수 있었다.

아이들의 이런 모습을 보고 6학년 선생님들은 끊임없이 지도를 했고, 선생님들의 노력에 아이들이 조금씩 변화하기 시작했다. 하지만 한 가지, 선생님들 힘으로는 안 되는 부분이 있었다. 그것은 '축구화 계급'이었다.

교사인 나도 만져보지 못한 값비싼 축구화를 신는 것이 아이들 사이에 유행처럼 번졌다. 20만 원 상당 하는 고가의 축구화는 아무나 살 수 있는 것이 아니다. 그렇다 보니 비싼 축구화를 신은 아이들과 그런 축구화를 신지 못하는 아이들 사이에 보이지 않는 간극이 존재하는 것을 알 수 있었다.

"선생님도 그냥 운동화 신고 공 찬다! 그냥 차! 공만 잘 차면 되는 것이여!"

운동화를 신고 아이들과 몇 번 공을 찼다. 고급 축구화와 그냥 축구화, 그리고 그냥 운동화를 신은 아이들과 함께.

어느 날, 운동화를 신는 아이가 자기도 축구화를 신고 싶다고 했다. 나는 그 아이의 문제는 축구화가 아니라 전체적인 신체 능력이라는 걸 잘 알고 있었다. 달리기가 느리고 운동 신경이 부족해 순발력이 없는데, 그 아이는 친구들처럼 축구화를 신으면 축구를 잘할 수 있을 거라 생각하고 그것을 인정받고 싶은 것 같았다. 평소 친구들과 잘 어울리지 못해 겉돌고 자신감 없던 아이였기에 더욱더 축구를 잘하고 싶었는지도 모른다.

소위 '일진' 아이들은 내가 꽉 잡고 있었다. 다시 말하면, 매우 가깝고 친하다는 뜻이다. 축구부인 데다 고급 축구화를 신고 다니는 동운이를 짜장면집으로 불렀다. 다시 말하지만 '입이 열려야 마음이 열리는 법'이니까.

"너, 작아서 남는 축구화 좋은 거 하나 없나?"

"몇 번 안 신었는데 작아서 못 신는 거 하나 있어요. 왜요? 선생님 신으시게요?"

"난 됐고, 정현이 알지? 그 친구한테 네가 작은 축구화 좀 신겨주고 축구도 알려줘라."

"네, 알겠습니다. 잘 가르쳐줄게요."

선생님 말이라면 무조건 '예스'인 몇몇 아이들에게는 이런 방법이 먹히기도 한다.

다음 날 점심시간에 일부러 그 아이와 함께 뛰려고 점심을 일찍 먹고 운동장으로 나왔다. 한쪽에서 동운이가 정현이에게 축구화를 신겨주는 모습이 보인다. 축구화를 선물받은 정현이는 어깨에 힘이 잔뜩 들어가 있다.

휘슬 소리가 경쾌하게 울리고 경기가 시작되었다. 전날 나와 짜장면 회담을 가졌던 동운이는 그날따라 정현이에게 일부러 패스를 몇 번 하는 것 같았다. 정현이는 평소와 크게 다를 바는 없었지만, 그래도 킥에 자신감이 묻어났다. 경기가 끝나고 서로 격려해주는 사이, 저 멀리 두 친구의 모습이 포착된다.

"축구화는 어때? 잘 맞아? 끈은 이렇게 묶으면 되고, 길면 이렇게 돌려서 묶으면 돼. 맘에 들어?"

"응. 축구화 신으니까 축구가 잘된다. 열심히 연습해볼게."

수업 예비종이 치고 급하게 교실로 뛰어가는 길에 동운이 엉덩이를 찰싹 때려줬다. 그러고는 윙크를 한 방 날렸다.

"짜식, 잘했다!"

별말 없이 수줍게 웃으며 올라가는 동운이의 뒷모습을 보며 '나는 왜 저 나이에 저렇게 멋지게 살지 못했을까' 하는 생각이 들었다. 이렇게 나는 오늘도 아이들에게 한 수 배운다.

가난했던 어린 시절, 친구들이 신고 다니는 유명 브랜드 축구화를 보며 부러워했다. 교대에 들어가 과별 체육대회에서 축구를 할 때면 나는 운동화를 신었다. 축구화를 빌려준다는 친구의 말도 거절했다. 안 신어본 축구화보다는 익숙한 운동화가 편했기 때문이다.

내가 처음 축구화를 산 건 대학에 들어간 지 몇 개월이 지나서였다. 축구를 좋아하는 아들을 보며 부모님께서 상설 스포츠 매장에 나를 데려가셨다.

"생일 선물로 사줄 테니 하나 골라."

고르라고 해도 비싼 건 고르지 못했다. 8만 원짜리 축구화가 정말 맘에 들었는데, 티 안 내고 4만 원짜리 축구화를 골랐다. 다음 날 과별 축구 시합이 있었고, 나의 축구화는 다른 동기들의 축구화에 비하면 비록 초라했지만, 내 생애 첫 축구화인 그 신발을 아끼고 아꼈다.

지금 나의 신발장에는 고급 축구화가 두세 켤레 있다. 축구 선수가 된 제자로부터 받은 축구화 한 켤레와 졸업한 아이들이 교실에 기증(?)하고 간 축구화가 있다. 아이들이 버리고 간 축구화 중 쓸 만한 것들은 시골 교회 아이들에게 가져다주거나 그다음 해에 필요한 제자들에게 나눠 준다.

잘살고 못사는 것, 부유한 것과 가난한 것, 좋은 축구화를 가진 것과 그렇지 못한 것. 어쩌면 어른들이 만들어놓은 구분과 기준에 따라 아이들도 나뉘는 건 아닌지 조금 걱정이 된다. 하지만 그럼에도 우리에게 희망이 되는 것은, 이 아이들이 좋은 축구화를 가진 아이건 그렇지 않은 아이건 함께 축구를 하고 함께 살아가고 있다는 것이다. 자기 것을 나누기도 하고, 서로의 필요를 채워주기도 하는 아이들의 행동이, 이 자본주의의 악행을 깨는 마중물이 되기를 빈다.

잘 노는
아이들

내가 어릴 때에는 수많은 놀이가 있었고, 골목마다 조용할 날이 없을 정도로 시끌벅적했다. 학교 수업을 마치고 오면 집에 가방을 던지다시피 두고는 골목길로 나갔다. 지금처럼 정확한 시간 약속을 잡는 것도 아니다. 누구랄 것 없이 제일 먼저 나온 아이는 혼자 몸을 풀어본다. 그러다 보면 금세 친구들이 모이곤 했다. 외로울 틈이 없었다.

요즘 우리 아이들을 보며 제일 안타까운 점은 놀 줄을 모른다는 것이다. 사실 아이들은 노는 데 도가 터 있는 종족들이다. 어른들은 상상할 수 없는 놀이 상상력, 거기에 놀이 안에서는 사람을 가리지 않고 누구나 친구가 될 수 있는 친화력, 술이 들어가야만 자신의 껍데기를 벗어버리는 어른들과는 다르게 항상 자신의 있는 모습 그대로 표현해내는 순수함, 아직은 자극적인 즐거움에 취하지 않아 인간 고유의 노는 즐거움을 아는 유전자를 우리 아이들은 가지고 있다. 그렇기에 어른들보다 잘 노는 종족임에 틀림없다는 것이다. 하지만 요즘 아이들의 이런 본성을 어른들이 거스르게 만들고 있다.

쉬는 시간에 아이들을 가만히 지켜보면 놀 줄 모르는 아이들이 많이 보인다. 사소한 갈등에도 화를 내고, 놀이를 통해 규칙을 지키면서 경쟁하고 즐겨야 하는데 규칙을 지키는 것을 배우지 못해 트러블 메이커가 되어버린 아이도 보인다.

'이 녀석들 안 되겠네. 노는 법 좀 가르쳐야겠다.'

내가 어릴 적에 했던 다양한 전통 놀이뿐만 아니라 최근에 푹 빠진 보드게임을 전수해주기로 했다. 방과 후에 하릴없이 남아 스마트폰 삼매경에 빠져 있는 아이들 몇 명을 불러 모았다.

"선생님이 진짜 재밌는 게임 알고 있는데, 배워볼래?"

빠른 이해력과 습득력으로 네 아이가 보드게임 하나를 금방 익힌다. 네 아이는 누가 시키지도 않았는데, 쉬는 시간에도 점심시간에도 함께 그 놀이를 한다. 다른 아이들은 자연스레 부러운 시선으로 보드게임 하는 모습을 가만히 지켜본다. 그 다음 주에 또 다른 보드게임을 알려주었다. 네 아이는 자신들이 '보드게임 선구자'라도 된 듯 친구들에게 게임을 전파한다. 그 속도가 마치 한글이 전파되는 속도와 비슷하여 순식간에 우리 반 아이들은 보드게임을 다 습득하게 되었다.

어느 날에는 인기 있는 보드게임을 서로 하겠다고 다툼이 일어났다. 이런 갈등의 순간은 아이들의 배움에 아주 좋은 기회이다. 보드게임 사용과 관련하여 학급 회의가 열렸다. 치열한 회의 결과 보드게임 담당자가 선출되었고, 보드게임을 사용하는 나름의 규칙도 만들어졌다. 보드게임 담당자들은 당연히 방과 후에 남아 하릴 없이 스마트폰을 하던 그 아이들, 즉 '보드게임 선구자' 아이들이 선출되었다. 학급 안에서 큰 존재감을 뿜어내던 아이들이 아니라 돈이 없어 학원은 못 다니고 집에는 일찍 가도 아무도 없기에 방과 후에 갈 곳이 없던 그 아이들이 학급에서 중요한 임무를 맡게 되었다. 아이들이 자신의 존재감을 느끼게 되면, 이 아이들은 이미 예전의 아이들이 아니다. 그 아이들은 돋보이는 활약을 펼치며 우리 반 보드게임의 선구자이자 보드게임을 지키는 수호자가 되었다.

우리 학급의 이런 모습을 보며 다른 반 선생님들도 관심을 보였다. 동 학년 선생님들이 협의하여 보드게임 교내 대회를 개최하게 되었다. 보드게임 중 '스플렌더'나 '루미큐브'는 전국 대회도 있다. 그중 '스플렌더'는 제조 회사에서 직접 보드게임을 가지고 와서 강사가 설명을 해주고 보드게임도 기증해준다. 우리 반 아이들은 이미 규칙을 다 알고 있었지만, 규칙을 모르는 다른 반을 위해 '스플렌더' 교육을 의뢰했다. 이제 6학년 전체가 '스플렌더'를 알고 즐긴다. 아이들이 즐겁게 놀

줄 아는 것, 그걸로도 충분하지만 좀 더 도전적인 즐거움을 주기 위해 교내 대회를 개최하기로 했다.

그리하여 먼저 학급 예선을 통해 반 대표를 뽑기로 했다. 오로지 공부로만 평가받던 문화에서 평소에는 주목받지 못하던 아이들이 난생처음 친구들에게 주목받게 되었다. '이 아이에게 이런 창의력이 있었나?' 전혀 생각지도 못한 아이들이 뜻밖의 선전을 펼쳤다. 결국 반별로 한 명씩 보드게임 결승 진출자들이 뽑혔다. 그 아이들은 대부분 평소에는 별로 주목받지 못했던, 지극히 평범한 아이들이었다.

결승전은 조금 특별하게 진행해보았다. 결승에 진출한 학급 대표 5인만의 축제가 아니라 6학년 전체의 축제로 확장시켜보기로 했다. 요즘 뜨고 있는 인터넷 중계를 활용해보기로 한 것이다. 결승전 실황을 인터넷으로 중계하고, 각 반에서는 텔레비전과 각자의 휴대전화로 중계를 시청하게 했다. 댓글로 친구들을 격려하고 응원하는 글들이 끊임없이 올라온다. 자기 반 아이의 플레이 하나하나에 한숨과 환호를 내지르며 각자 의견을 이야기하느라 교실마다 시끌시끌하다. 아이들의 이런 응원과 격려 소리가 들리기나 할까? 시합장에서는 숨 죽여 집중하는 가운데 결승전이 진행되었다.

마침내 우승자가 가려졌고, 우승자뿐만 아니라 결승 진출자 다섯 명은 전국 대회 진출권까지 받게 되었다. 노는 것도 경쟁력이다.

누가 시키지도 않았고 오라고 강요하지도 않았는데, 희한하게 우리 반 아이들뿐만 아니라 다른 학년 아이들까지 방과후면 우리 반으로 모인다. 우리 반은 곧 '돌봄 교실'이자 '쉼터'가 되었다. 처음에 이 아이들은 스마트폰만 주구장창 하다가 내가 퇴근할 때 함께 학교를 나서곤 했다.

"선생님이 진짜 재밌는 게임 알고 있는데, 배워볼래?"

이렇게 이 아이들도 덫에 걸려들었다. '보드게임 선구자'로 가는 덫. 나는 오늘도 이 아이들을 길러내고 있는 중이다.

내 보물창고에 있는 게임들.
지금은 더 많은 보드게임들이 아이들을 만날 날을 기다리고 있다.

노는 법을
알려주는 아이들

어린 시절, 집과 학교밖에 몰랐던 그 시절. 친구들과의 당구장 일탈이나 '야자'(야간자율학습) 튀기 같은 흔한 반항조차 해보지 못했던 그 시절. 사실 나는 건전하게 잘만 놀았다. 시골에서 자라 개구리 잡기, 쥐불놀이, 장작불에 고구마 구워 먹기 같은 놀이에서부터 말뚝박기, 고무줄놀이, 술래잡기, 숨바꼭질, 비사치기 같은 전통 놀이까지, 엄청나게 많은 놀이를 다 섭렵하고 있었다. 지금도 가끔 아이들에게 내가 즐겼던 놀이들을 하나씩 알려주기도 한다.

하지만 지금 생각해보면 아쉬운 것이 많다. 놀아본 놈이 잘 논다고 했는데, 약간의 일탈을 통해 좀 더 다양한 세계의 놀이 문화를 접해보지 못한 것이 아쉬움으로 남는다.

우리 아이들을 이해하기 위해서는 아이들의 놀이 문화를 이해하는 것이 필수적이다. 나는 내가 접해보지 못한 신문물을, 아이들을 무작정 따라 다니며 접해보기로 마음먹었다.

"이번 모둠 데이트 코스는 여러분이 짭니다."

자~ 우리 아이들에게 한 수 배우러 떠나봅니다.

만화 카페

"선생님, 선생님이 책 좋아하시니까 첫 코스는 선생님을 위해 넣었습니다."

'고양이, 쥐 생각해준다더니, 지들이 가고 싶어서 짜놓고는 선생님을 팔아먹다니!'

"그래~ 좋아!"

그렇게 좋아하는 척하며 따라가본 그곳은 정말이지 천국이었다. 탁 트인 넓은 공간, 추운 바깥 공기와는 다른 아늑한 온도, 누워서 책을 읽을 수 있는 폭신폭신한 대형 베개, 조용한 공간에서 책을 읽을 수 있는 작은 다락방, 그리고 무엇보다 내 마음을 흔들어놓은 것은, 출출할 때 먹을 수 있는 라면과 떡볶이, 커피 등 각종 먹을거리였다.

분명 애들은 한두 번 와본 게 아니었다. 만화책을 몇 권 꺼내더니, 각자 마음에 드는 장소에 가서 편안하게 자기 시간을 보낸다. 나도 시작이다. 아이들과 놀러 간다고 하면, 다들 힘든 상황을 머릿속에 그릴지 모른다. 하지만 이 시간은 아이들을 위한 시간이기도 하지만 나를 위한 시간이기도 하다. 나도 한자리 펼쳐놓고, 가방에서 읽던 책을 꺼내 읽기 시작했다.

잠시 뒤 한 아이가 옆으로 와 쓱 앉는다.

"어이구, 우리 소연이 왔구나. 그래, 넌 뭔 책 빌렸어?"

"이거요!"

어이쿠, 교사들도 읽기 힘든 『가르칠 수 있는 용기』라니……. 물론 이 책은 나의 서재 '명예의 전당'에 올라 있는 책이다. 학교에 두고 이따금씩 꺼내 읽고 또 읽는 책인데, 내가 읽는 것을 본 것일까?

"그래, 좋은 책이긴 한데 너한테는 좀 어려울 것 같은데?"

"아니에요. 저 이런 책 좋아해요."

'그래, 얼마나 읽나 보자.'

내가 고른 책을 읽으면서 힐끗힐끗 소연이를 쳐다보았다. 분명 끙끙대는 것 같다. 내가 구해주지 않으면, 자존심 때문에 한 시간 동안 저러고 있을 녀석이다.

"얘들아, 뭐 좀 먹자."

조촐하게 떡볶이와 라면을 한 상 차려 간단히 먹고, 또다시 뒹굴거리며 책을 읽는다.

잠시 뒤 또 한 아이가 책을 한 권 가지고 왔다.

"선생님, 이 책 좋아요. 선생님께서 저희한테 책 한 권씩 선물해주기로 하셨죠? 이 책으로 하면 어떨까요?"

요 며칠간 아이들에게 선물할 책을 고르느라 골머리를 앓았다. 아이들 책꽂이에 되도록이면 오래 꽂혀 있을 좋은 책이면 좋겠고, 그러면서 너무 어렵지 않고 쉽게 읽을 수 있어야 하고, 무엇보다 우리 모두에게 의미가 있는 책이어야 하는데…… 책을 들여다보니 내 고민이 단번에 해결될, 바로 그런 책이었다.

"오, 좋다! 내일 은빈이가 아이들 앞에서 이 책 좀 소개해줄 수 있겠니?"

며칠 뒤 첫눈이 오던 날, 아이들에게 그 책을 한 권씩 선물했다.

아이들은 돌아다니며 반 친구들의 이름을 자신의 책 첫 장에다 받아 온다. 우리 반 아이들의 이름이 담긴, 세상에 하나뿐인 책. 이 정도 의미라면 아이들 책장에 오랫동안 꽂혀 있을 수 있겠지?

아이들과 노는 시간은 나에게 큰 영감을 주는 시간이다. 나도 몰랐던 장소! 나에게 딱 안성맞춤이었던 그 장소! 아이들 덕에 나는 나만의 공간을 찾았다. 지금도 가끔 쉬는 날이면, 내 삶의 무거운 짐을 잠시 내려놓기 위해 이곳에 들른다. 아무 생각 없이 누워서 읽고 먹다 보면 무거웠던 마음이 한결 가벼워져 있음을 느낄 수 있다.

버스 타기

"선생님, 저기 버스 와요, 저거 타야 돼요."

우리는 버스를 놓치지 않기 위해 필사적으로 달렸다. 어렵사리 잡아탄 버스 안에서 나는 평소와 다른 아이들의 쌩한 모습에 또 한번 놀란다.

갑자기 주머니에서 이어폰을 꺼내더니 귀에 딱 꽂는다. 방금 전까지 친한 척하던 순수한 아이들은 온데간데없고, 차가운 도시녀가 되어 있다. 시선은 창밖 먼 곳을 응시하며, 나를 의식하는 듯 힐끗힐끗 쳐다볼 뿐이다. 말을 시켜도 소용없다.

'나도 저만 할 때 저랬지.'

자리가 나자 나도 앉아 이어폰을 귀에 꽂았다. 무슨 음악을 들어야 할지 몰라 그냥 이어폰만 꽂고 있다. 그리고 차창 밖 가을 풍경을 마음껏 느껴본다. 차로 출퇴근 할 때는 보지 못했던 풍경이 그제야 시야에 들어온다.

지금도 가끔 일부러 버스를 탄다. 회수권을 내고 다니던 시절부터, '마이비 카드'라는 신문명을 받아들여 가지고 다니던 시절까지. 나의 버스 추억은 거기서 끊겨 있다. 이제는 버스 요금이 얼마인지도 모르는 슬픈 현실. 아이들 덕에 또 하나, 추억과 놀 거리를 발견한다.

가을 풍경을 보고 싶을 때, 시골길을 달리는 아무 버스나 타고 종점까지 가보기. 음악은 필요 없다. 그저 이어폰만 귀에 꽂은 채.

시내 걷기

"다음 코스는 어디니?"

"디스코 팡팡이요!"

"거기까지는 어떻게 가?"

"그냥 걸어가면 돼요~"

오랜만에 걸어보는 시내 밤길이다. 시원한 가을바람이 불어오고 나름 운치도 있다.

"여기 육교로 건너야 해요."

그렇게 육교에 올라서자 시내 야경이 한눈에 펼쳐진다. 육교에 오르니 어릴 적 할아버지와의 추억이 떠오른다. 차가 귀했던 시절, 게다가 시골에 살던 나에게 차 구경은 쉽지 않았다. 할아버지가 가끔 나를 데려갔던 곳은 다름 아닌 고속도로 위로 난 길이었다. 거기서는 고속도로로 지나가는 차들을 볼 수 있었다. 우리 집에도 차가 없던 시절이었으니, 시원하게 달리는 차를 마음껏 볼 수 있는 그곳은 신기한 장소이자 할아버지와 나의 추억의 장소다.

어릴 적 추억까지 떠올리게 해주는 육교 덕에 마음마저 따뜻해진다. 삼삼오오 모여 시내를 걸으면 나름의 소소한 즐거움이 있다. 아마도 요즘 아이들은 이렇게 '함께 걷는 것' 자체를 못 해봤을 가능성이 크다. 터벅터벅 걸으며 이야기하는 것이 얼마나 재미있는지, 나도 아이들도 깨닫게 되는 시간이다.

디스코 팡팡
상담가

아이들이 가자고 하는 디스코 팡팡이 내가 아는 그 디스코 팡팡이 맞는지 한참을 생각했다.

"디스코 팡팡을 타러 걸어서 갈 수 있어?"

"네, 시내에 있어요."

디스코 팡팡이 시내 한복판에 있다니, 도저히 상상이 가지 않는다. 내가 모르는 '미니' 디스코 팡팡이라도 있는 걸까? 여전히 믿기지 않지만 나의 의심을, 아이들은 거짓말을 하지 않는다는 믿음으로 덮고 아이들을 따라나섰다.

"다 왔어요."

"디스코 팡팡은 간판만 있고 보이지도 않잖아."

"따라오시면 알아요."

아이들은 나를 깜깜한 지하 통로로 인도한다. 그렇게 지하로 가는 좁은 계단을 조금 내려가자 믿을 수 없는 광경이 내 앞에 펼쳐졌다.

"진짜 디스코 팡팡이네!"

항상 차로 이 앞을 지나다녔는데, 보이지 않는 지하에 또 다른 세계가 존재하고 있었다.

"선생님도 같이 타실 거죠?"

"아니, 샘은 허리가 좀 안 좋아서……."

아이들 사진도 찍어줘야 하고 무섭기도 해서 적당한 핑계를 대고는 슬쩍 뒤로 빠졌다. 아이들 차례가 되었다. 시작부터 디제이의 현란한 입담과 음악 소리에 흥이 절로 난다. 드디어 디스코 팡팡이 돌아가기 시작한다.

디제이가 아이들을 향해 묻는다.

"어디서 왔어요?"

"……."

"안 되겠네~"

아까보다 더 심하게 '디팡'(디스코 팡팡)이 춤을 춘다. 덩달아 아이들의 엉덩이가 하늘을 향해 들썩들썩한다.

"어디서 왔어요?"

"○○초에서 왔어요~"

대답을 잘 안 하는 사춘기 아이들도 디제이에게는 당해내지 못한다. 5초 만에 아이들의 입을 열었다. 그렇게 큰 소리로 대답하는 모습은 나도 처음 본 것 같다.

"초딩이라고? 얼굴은 나랑 비슷한 20대처럼 보이는데……."

'나도 함부로 대하지 못하는 예민한 여학생들에게 저러면 안 될 텐데……'

나의 걱정은 기우였다. 디제이는 아이들을 슬슬 놀려가며 별 질문을 다 한다. 평소에 나는 친절하게 대해준다고 존댓말까지 썼는데……, 오히려 툭툭 던지는 가벼운 말들에 아이들이 입을 열고 있다.

"남자친구 있어요?"

"……"

디제이는 디핑의 강도를 높여 아이들의 엉덩이가 더 높이 들썩이게 한다.

"남자친구 있어요?"

"네~!"

"몇 살이에요?"

"중2요."

'오 마이 갓, 중학생을 만나고 있었다니…… 요 녀석들 봐라……. 그래, 이왕 이렇게 된 거 이것저것 다 물어봐주면 좋겠다.'

"중학교는 어디로 갈 거예요?"

"○○중학교 갈 거예요~"

질문은 계속 이어진다.

"학교 끝나면 뭐 해요?"

"제일 친한 친구는 누구예요?"

아이들의 진로, 이성 교제, 취미 활동, 학교 밖에서의 삶, 친구 관계까지, 아이들의 삶을 망라하여 묻고 어떻게든 답을 받아낸다. 나도 몰랐던 사실들을 이곳에 와서 알게 되었다.

그뿐만이 아니었다. 전체에게 질문하지 않고, 한 명 한 명 조명까지 비춰가며 아이들의 말을 경청한다. 평소 받아보지 못한 주목을 받은 아이는 계속되는 질문에도 아주 큰 소리로 대답했다. 그렇게 단돈 4000원으로 40분간 아이들을 즐겁게 해주고 춤을 추게 해줬으며, 심지어 한 명 한 명 아이들의 깊은 삶의 이야기까지 경청해주고, 심지어 나름의 답까지 제시해준다. 이런 사람이 세상에 또 어디 있겠는가?

우리 어른들(선생님, 부모님을 포함한)과는 다르게 다소 예의 없고 격식 없게 막말에 가까운 질문들을 던졌지만, 우리 아이들에게는 그 누구보다 편하게 질문해주고 들어주는 좋은 상담가였던 셈이다.

엉덩이와 허리가 아파 제대로 걸어 나오지 못하는 아이들을 한 명씩 부축하며 식당으로 향했다. 아이들이 조금 전까지 큰 목소리로 답한 대답들에 대해서는 미처 물어볼 틈도 없었다. 하지만 내가 묻기도 전에 자기들 입으로 하나하나 밝히고 늘어놓는다.

이날 이후로 아이들은 자신들이 만나고 있는 오빠와의 연애 상담에서부터 진로, 친구 관계까지 언제든 편안하게 상담을 요청했다.

상담이라는 게 뭔가 대단한 배움이나 기술이 필요한 게 아니라는 생각이 들었다. 더욱이 아이들의 이야기를 듣고 공감해주는 것이 특정한 목적을 이루기 위한 수단으로 작용해서는 안 된다는 생각도 들었다. 나의 얄팍한 수는 늘 다른 사람에 의해 낱낱이 해체되곤 했다. 뭔가 의도를 가지고 대화를 시도하거나 접근하려는 모습은 아이들에게 진정성이 없게 느껴질수도 있을 것이다. 대화를 수단화하지 않고, 대화의 격식이나 위아래가 없는 편안함이 갖춰졌을 때 우리 아이들은 속마음을 마음껏 쏟아낼 것이다. 내 안에 지금도 존재하는 '꼰대 같은 기질'을 죽이는 연습을 날마다 하고 있다.

지금이라도 그 디팡 디제이에게 고맙다는 말을 전하고 싶다.

"덕분에 아이들 삶의 목소리를 들어볼 수 있었습니다. 그리고 제가 한 수 배웠습니다."

달밤에 선생님 부르는 소리

"선생님~"

'이게 무슨 소리지? 내가 이제 환청이 들리나 보다.'

"선생님~"

모두가 퇴근하고 깜깜해진 학교. 이제 슬슬 무서워지기 시작한다.

'뭐지? 말로만 듣던 학교 귀신인가?'

"선생님, 선생님~ 여기요~"

잘 들어보니 창밖에서 소리가 들려오는 것 같다. 4층(학교 꼭대기 층)에서 밖을 내려다보니 아이들이 보인다.

'휴~ 내가 환청을 들은 건 아니구나.'

"너희들 이 시간에 여긴 무슨 일이야?"

"뭐라고요? 안 들려요. 좀 더 크게 말해주세요."

"너. 희. 들. 이 시간에. 무슨 일이냐고!"

"학원 끝나고 집에 가는 길에 교실에 불이 켜져 있어서 와

봤어요~"

"저. 녁. 은. 먹. 었. 냐?"

"아니요~"

1층과 4층. 불이 켜진 교실과 깜깜한 밖, 우리는 약간의 물리적 거리를 둔 채 대화를 이어간다. 그렇게 아이들과 나는 교감한다. 고요한 학교 한가운데서 우리의 대화가 쩌렁쩌렁 울려 퍼진다.

"지금. 내려. 갈게. 거. 기. 있어!"

"네."

한쪽은 학원 때문에, 한쪽은 업무 때문에 밤늦도록 밥을 못 먹고 있었다. 이 녀석들, 지금 집에 가도 혼자 밥을 먹거나 끼니를 거를 것이 뻔하다.

"밥이나 먹으러 가자."

김이 나는 따뜻한 밥에 쫄깃쫄깃한 고기 반찬 하나면 배고픈 우리에게는 최고의 식사다. 허겁지겁 식사를 하며 아이들에게 물었다.

"너희들 항상 이 시간에 집에 가?"

"네. 그래도 오늘은 일찍 끝난 편이에요. 화요일, 목요일에는 오늘보다 더 늦게 끝나기도 해요."

"그럼 지금 들어가면 저녁밥은 어떻게 해?"

"엄마가 차려놓으신 밥 혼자 먹기도 하고, 편의점에서 사

먹기도 해요. 귀찮을 때는 안 먹어요."

그렇게 먹고사느라 힘든 선생님과 학생이 만나 저녁 식사, 아니 밤 식사를 함께했다.

SNS를 통해 주변 사람들이 사는 이야기를 자주 접한다. 이야기 중 가장 많은 부분을 차지하는 것은 가족 혹은 음식이다. 오늘도 한 선생님이 SNS에 자녀와 함께 외식한 사진 한 장을 올리며 짤막하게 곁들여 쓴 글을 보았다.

'내 새끼 입에 들어가는 건 하나도 안 아깝다.'

나도 그렇다. 우리 새끼, 우리 아이들 입에 들어가는 건 하나도 안 아깝다. 사실 나는 먹는 게 제일 아까운 사람이다. 먹는 건 그때뿐인데, 한순간의 즐거움을 위해 큰돈을 쓰는 건 좀 비효율적이라고 생각하는 편이다. 철저한 '이과형 인간'으로, 순간순간 가성비, 확률 등을 계산해대는 사람이기 때문이다. 하지만 이상하게도 우리 아이들 입에 들어가는 건 이 효율성의 가치로 측정이 되지 않는다. 나의 모든 이성적 사고를 마비시키는 녀석들이다.

나의 정신적 지주인 옆 반 선생님이 하신 말씀을 지금도 내 재정의 중요한 기준으로 삼고 있다.

"대윤 샘~ 난 내 월급의 10퍼센트는 오롯이 아이들을 위해 쓰려 한다네."

옆에서 그 선생님의 삶을 가까이서 지켜본 나는, 그 말씀에 한 치의 거짓도 없다는 걸 누구보다 잘 알고 있다. 그때부터 나 또한 그렇게 살고자 나름 고집하고 있다.

달이 우리가 갈 길을 환하게 비춰주고, 익숙한 그 골목길에서 우리는 이런저런 이야기를 나누며 터벅터벅 집으로 걸음을 옮긴다.

그날 이후, 업무가 없는 날에도 나는 웬만하면 교실에 남아 있곤 했다. 약속 시간까지 시간이 남았거나 집에 가도 딱히 할 일이 없으면, 시끌벅적했던 낮의 시간들을 뒤로하고 이제는 고요한 침묵만이 남아 있는 교실에 홀로 남는다. 그 공간은 나에게 성찰의 시간을 허락하곤 한다. 교실에 불이 켜져 있는 건 멀리서도 단번에 알 수 있다. 그렇게 교실에 남아 있는 시간이면 어김없이 아이들이 나를 부른다.

"선생님~"

어떤 날은 내려갈 수 없는 상황일 때가 있다. 아쉬운 마음에 내 사물함에 숨겨놓은 간식 거리들을 아낌없이 풀고 싶었다. 하지만 아이들은 잠겨 있는 학교 안으로 들어올 수 없다. 나 또한 내려갈 수 없는 상황이다. 방법은 하나. 하늘에서 음식을 하사하는 수밖에.

하늘에서 과자 봉지들이 두두두두 떨어져 내린다.

"선생님, 고맙습니다~~"

아이들은 갑자기 과자가 제공되니 기분이 좋아 보인다.

또 어떤 날에는 우리 반에서 밤늦게까지 교사 모임을 하고 있는데, 그날도 어김없이 아이들이 찾아왔다.

"선생님~"

나는 이제 이 소리가 과자를 하사해달라는 아이들의 부르짖음으로 인식되지만, 이런 상황을 모르는 여러 선생님들은 처음에 내가 느꼈던 두려움을 비슷하게 느끼곤 한다.

"수업 마치고 왔는데, 여전히 귀에 아이들의 환청이 들리는 것 같아요."

"진짜요? 제 귀에도 들렸는데."

다른 선생님들에게 아무런 설명도 없이 창문을 열고 딱딱하지 않은 안전한 것들로 먹을 것을 던져준다. 알 수 없는 돌발 행동에 선생님들의 눈이 휘둥그레진다.

가끔은 학생이나 학부모에게 전화가 오기도 한다.

"선생님, 왜 아직도 퇴근 안 하고 계세요?"

사실 가끔은 수업 준비와 업무로 남아 있기도 하지만, 대부분은 책을 읽거나 약속 시간을 기다리며 남아 있는 경우가 더 많다.

'하지만 뭐~ 늦게까지 남아 열심히 하는 선생님으로 인식되는 것도 나쁘지 않지.'

이 글을 쓰고 있는 지금도 달이 보이는 시간이다. 내 앞에는 바빴던 오후의 시간들이 가라앉고 밤의 적막이 펼쳐져 있다. 그리고 내 귓가에는 여전히 "선생님~"하며 나를 부르는 아이들 목소리가 들리는 듯하다.

야구는 9회 말
투 아웃부터

야구는 우리나라에서 가장 인기 있는 프로 스포츠라고 할 수 있을 것이다. 대한민국 사람이라면 대부분 응원하는 야구팀이 하나씩은 있다. 아니면 야구와 관련한 추억 하나쯤은 있을 듯하다. 그것도 아니라면 '야구는 9회 말 투 아웃부터', '돌직구' 같은 야구 용어라도 한 번은 들어보았을 것이다.

프로야구는 먼저 지역색이 강하다는 점을 들 수 있다. 짧게는 수년, 길게는 수십 년간 자기 지역을 연고로 하는 팀을 응원하면서 골수팬이 된 사람들이 많다. 나 또한 전라도 토박이로, 어릴 때는 쌍방울 레이더스(지금은 해체된 만년 꼴찌 팀이다), 지금은 기아 타이거즈의 팬이다.

기아 타이거즈의 전신은 해태 타이거즈라는 강팀이었다. "공포의 검은 바지"라는 말을 들어본 적이 있는가? 빨간색 상의에 검은 바지가 유니폼이었던 과거 해태 타이거즈의 위용은 가히 상상을 초월했다. 수많은 유행어를 창조한 국민 감독 김응룡 감독님이 지휘하던 팀, "타자는 이승엽, 투수는 선동렬, 야구는 이종범"이라고들 하는 '야구 고전 진리'의 그 선동렬 선수와 이종범 선수가 뛰던 팀, 그 밖에 숱한 스타 선수를 배출하고 한국 야구 역사에 한 획을 그은 팀이다.

내가 살고 있는 전라북도 지역에는 '전북 현대 모터스'라는 K리그의 절대 강자 축구팀이 있고, '전주 KCC 이지스'라는 농구팀이 있다. 그래서 축구 경기나 농구 경기를 보러 가는 것은 그리 어렵지 않다. 하지만 우리 지역 야구팀이 없어, 야구를 한번 보러 가려면 크게 마음먹고 차로 한 시간 반가량을 가야 한다. 야구로 단합된 동 학년 선생님 두 분과 함께, 선생님들 차에 각 반의 야구 골수팬 네댓 명을 태워 경기 관람을 가기로 했다. 한 달 전부터 계획을 짰고, 한 주 전에 티켓 예매를 마쳤다. 운이 좋게도 그날 경기는 1, 2위를 달리는 우승 후보 두 팀의 매우 중요한 경기였을 뿐만 아니라 좀처럼 볼 수 없는 에이스들의 맞대결이었다. 야구로 하나 된 선생님 세 명과 야구팬학생들은 들뜬 마음으로 하루하루 손꼽아 기다렸다.

마침내 경기 당일, 야구 관람에 딱 좋은 날씨였다. 각자 준비한 유니폼이며 야구 모자, 응원 도구, 글러브까지 챙겨 한껏 부푼 가슴으로 출발했다. 한 시간 반이나 걸리는 먼 길이지만, 차에서 선수들을 응원하는 노래와 팀 노래를 미리 부르며 시간 가는 줄 모르게 경기장에 도착했다.

그런데 이게 웬일인가. 갑자기 하늘이 어두워지고 빗방울이 한두 방울씩 떨어지기 시작했다.

"선생님, 오늘 일기예보에 비 소식이 있었나요?"

당황한 나는 인생 선배님이자 우리의 정신적 지주인 5반 선생님에게 전화를 드렸다.

"일기예보에 비가 온다는 이야기는 전혀 없었으니 잠깐 지나가는 비일 테지요. 기다려봅시다."

우리는 무사히 경기장에 도착했다. 경기 시작 한 시간 반 전에 도착하여 작년에 새로 지어진 넓은 경기장을 마음껏 구경했다. 뻥 트인 시야에 마음까지 뻥 뚫리는 느낌이었다. 빈 경기장을 구경한 뒤 경기장 근처로 저녁을 먹으러 갔다. 밥이 코로 넘어가는지 입으로 넘어가는지도 모르게 맛있게 먹은 뒤 경기장으로 돌아왔다.

그런데 날씨가 심상치가 않더니, 우리가 경기장에 도착해서 자리에 앉자마자 빗줄기가 굵어졌다.

"금방 그치겠지."

긍정적인 생각으로 아이들을 진정시키며 비가 그치기를, 그리고 시합이 시작되기를 기다렸다.

경기는 예정대로라면 6시 30분에 시작될 예정이었다. 그런데 경기 시작 10분 전, 6시 20분에 대형 전광판에 큰 글씨가 떴다.

'우천 취소'.

우리는 한 시간 반을 달려, 아니 한 달을 기다려 광주까지 가서 추어탕 한 그릇 먹고 올라온 셈이 되었다. 하지만 아쉬운 마음은 아쉬운 마음이고 먹을 것은 먹어야 하는 법. 올라오는 길, 깜깜한 밤에 휴게소에서 먹은 따끈한 우동 한 그릇에 얼어붙은 마음이 따스하게 풀린다.

"여기서 포기할 수 없지! 선생님, 한 달 뒤에 경기가 있는데, 그날 다시 와야 하지 않겠습니까?"

우리는 포기하지 않았다. 선생님들과 아이들과 함께 다음 경기를 꼭 보러 오기로 약속하며, 우리는 비가 그친 고속도로를 달려 집으로 돌아왔다.

야구는 9회 말 투 아웃부터

한 달 뒤 우리는 포기를 모르고 다시 광주 구장을 찾았다. 일기 예보에 맑음이라고 나왔지만 곧이곧대로 믿을 수는 없었다. 들뜬 마음보다는 차분한 마음으로 기다렸고, 마침내 경기가 시작되었다.

경기 시작 전, 나는 나의 정신적 지주이자 존경하는 대선배인 선생님께 유니폼을 선물해드렸다. 선생님이 좋아하는 4번 타자의 유니폼이었다. 그리고 이 선수의 유니폼 구매는 인터넷 용어로 하자면 '성지'가 되었다.

시작부터 답답한 경기의 연속이었다. 경기는 지고 있었고 날씨는 더웠다. 아이들의 집중도 떨어지고 있었다. 어느새 경기는 9회 말이 되었다.

"선생님, 경기 끝나고 나가면 차 밀려서 한참 걸릴 것 같은데 조금 일찍 나갈까요? 어차피 경기는 질 것 같은데."

"야구는 9회 말 투 아웃부터잖아요."

인생 대선배님의 말씀에 우리는 기다려보기로 했다. 9회 말 투 아웃까지는 아무런 일도 일어나지 않았다. 그런데…….

야구는 정말 9회 말 투 아웃부터였다. 찬스가 만들어지고 한 선수의 펜스를 맞히는 홈런성 타구에 동점이 된 것이다. 더운 날씨에 안 풀리는 경기로 인해 힘들어하던 우리들은 함성

242

을 지르며 얼싸안고 기뻐했다.

그렇게 경기는 연장전에 돌입했다. 10회 초 상대의 공격을 잘 막은 우리 팀의 10회 말 선두 타자는 그날 선물한 유니폼의 주인공, 팀의 4번 타자였다.

숨죽이는 순간 딱 하고 정확하게 맞은 공이 까마득하게 뻗어간다.

"더, 더더더더!"

펜스를 간신히 넘기는 끝내기 홈런이었다. 우리는 누구랄 것 없이 하나가 되어 팀 노래를 불렀다. 우리 뒤에 계시던, 오늘 처음 본 아주머니들은 홈런을 친 선수의 유니폼을 입은 우리 대선배님의 등을 손바닥으로 때리며 기뻐하셨다. 다시는 경험하지 못할 '인생 경기'를 본 우리는 하나만은 확실히 깨달을 수 있었다.

'야구는 9회 말 투 아웃부터.'

그날 함께했던 우리 아이들은 '우천 취소' 같은 막막한 어려움이 찾아와도, 때로는 승리가 보이지 않는 답답함의 연속일지라도 포기하지 않을 것이다. 실패 뒤에는 경이로운 순간이 우리를 기다리고 있을 것이고, 우리 인생은 9회 말 투 아웃부터 시작된다는 걸 몸소 배웠을 테니!

한국시리즈 우승의 순간을 모두 함께

　인생 경기를 보고 돌아온 아이들을 통해 그날의 감동이 6학년 전체에 소문이 났다.

"야구는 9회 말 투 아웃부터인 거 알아?"

"그게 무슨 말인데?"

　그렇게 다른 아이들도 야구를 보고 싶다며, 몇몇 아이들이 학년 자치 게시판에 안건을 올렸다.

"우리도 야구 보여주세요!"

　선생님들은 긴급 회의를 소집했다.

"어떡하죠? 다른 아이들도 야구를 보고 싶어 하는데."

"좋은 방법이 있어요. 이번에 우리 팀이 우승을 해서 한국시리즈에 직행했는데, 희망하는 아이들과 교실에서 한국시리즈를 함께 보면 어때요?"

　그리하여 우리는 한국시리즈 5차전을 교실에서 함께 보기로 했다.

"10월 30일 우승의 순간을 함께할 사람은 오세요. 저녁 짜장면 제공!"

　야구의 '야' 자도 모르는 아이들까지 그날 밤에는 교실에서 아이들이랑 놀 수 있다는 것, 혹은 짜장면을 먹겠다는 각오로 많이들 모였다. 우연히도 이날은, 우리가 응원하는 팀이 이기면 한국시리즈 우승을 확정하게 되는 역사적인 날이었다.

바닥에 매트를 깔아 아이들이 이불을 덮고 경기를 시청하게 했다. 선생님 세 명은 평소 앉아보지 못한 테이블석을 만들어보았다. 책상 세 개, 의자 세 개면 간단히 만들 수 있었다. 평소에 끼가 많은 아이들 몇몇이 응원단장 역할을 한다.

창밖은 어느새 깜깜한 밤이 되었다. 깊어가는 가을밤, 선생님들은 행복해하는 아이들을 보며 더욱 힘이 났다! 그뿐 아니라 우리는 특별한 가족석, 테이블석에서 한국시리즈 우승의 순간을 함께할 수 있었다.

육담도

어느 날 우리 반 아이들이 그림을 한 장 그려왔다. 우리 6학년 담임선생님들을 그린 그림이라고 해서 '육담도'라 이름 붙인 그림이었다. 이 그림은 단순히 선생님들을 그린 그림이 아니다. 이 그림에는 선생님들의 학급 경영 철학, 6학년 교육과정에서의 역할, 선생님들의 1년간의 노력이 담겨 있기에, 그 가치가 상상을 초월한다.

내가 결코 잊을 수 없는 2017학년도. 그해를 잊을 수 없는 건 우리 아이들 때문이기도 하지만, 이 선생님들과 함께 펼쳐 갔던 행복한 순간들 때문이기도 하다.

자, 그럼 '육담도'의 주인공, 그때 그 시절 6학년 담임선생님들을 소개합니다.

늙은 신규 교사

'늙은'이라는 단어와 '신규'라는 단어가 잘 조합이 되지 않는 합성어. '늙은 신규'.

늦은 임용과 이어진 군 입대로 학교 현장에 다소 늦게 투입된 1반 선생님이다. 학교 현장에 투입되어서도 체육 전담교사를 1년 넘게 맡은 뒤, 드디어 진정한 선생님의 길이라는 '담임선생님'으로 역할을 명받은 우리의 막내 '늙은 신규 교사'다.

보통은 신규 선생님과 동 학년 맡기를 꺼려하거나 부담스럽게 생각한다. 이제 막 담임이 된 선생님들은 아직 여러 가지로 서툴고 모르는 것도 많기 때문에 하나하나 알려주고 도와줘야 하기 때문이다. 하지만 거꾸로 생각하면, 열정이 누구보다 크다고 할 수 있다. 모르는 것을 도와주며 신규 교사의 성장을 보는 것은 또 하나의 기쁨이 될 수 있다.

이 '늙은 신규 교사'의 활약상을 소개해보려 한다. 먼저 방과 후 돌봄 교실 운영이다. 어떤 아이들은 수업을 마치고 난 뒤로 일정이 빡빡하게 짜여 있다. 하지만 우리 학교 아이들은 조금 다르다. 수업이 끝나도 마땅히 갈 곳이 없는 아이들이 꽤 많다. 친구들은 방과 후 학원으로, 공부방으로 향할 때, 교실에 남아 시간을 때우는 아이들이 몇몇 있다. 이 아이들은 선생님들에게도 적잖은 부담이다. 놀아주자니 마땅히 놀아줄 거리가 없고, 밀린 업무와 수업 준비로 바쁘다 보니 방치하게 되기도 한다. 그렇다고 해서 휴대전화를 만지고 있는 아이들에게서 휴대전화를 강제로 빼앗고 책을 읽힐 수도 없는 노릇이다.

그런데 어느 날부터인가, 우리 반 교실에 남아 있던 아이들이 보이지 않았다.

'다들 어디 갔지?'

각 반에 남아 있던 많은 아이들이 바로 늙은 신규 교사 교실에 모여 있었다. 아직은 젊은 나이인 데다 누구보다 아이들과 잘 소통하는 선생님이었다. 그 반은 방과 후에도 언제나 시끌시끌했다. 뮤직비디오 보여주기, 맛있는 거 해 먹기, 선생님 괴롭히기, 술래잡기, 댄스 연습, 악기 연습 등 그 돌봄의 교육 과정도 다채롭다.

서운하지만 우리 반 아이들도 그 반에 가 있는 날이 늘어나기 시작했다. 늙은 신규 교사의 돌봄 교실 운영 덕분에 다른 선생님들은 방과 후 시간에 밀려 있던 업무 및 수업 준비를 열심히 할 수 있었다. 퇴근도 제시간에 할 수 있었으니 우리에게 가장 고마운 선생님이었다.

'육담도'에서 나의 채찍을 맞으며 마차를 열심히 끌고 있는 선생님이 이분이다. 돌봄 교실 운영 외에도 모든 학년 행사마다 궂은일을 맡았다. 물총 싸움을 하는 날, 복불복 룰렛에 걸려 밀가루 풍선을 두 번이나 맞았다. 괴롭히고 약 올리는 나를 던져버리겠다고 호언장담했던 추석맞이 씨름 대회에서는 도리어 되치기를 당해 자존심에 상처를 입기도 했다.

아이들에게는 '돼지감자'라는 별명으로 불리며 인기를 독차지했다. 모든 행사에 총무같이 발 빠르게 움직여준 우리의 돼지감자 선생님. 혹시나 이런 고생을 하며 심리적으로 불안하지는 않았을까? 아이들이 하는 학교생활 적응 검사에 나와 함께 익명으로 테스트를 받아보기도 했다. 불안과 자살 징후가 살짝 보인다는 결과를 받고는 둘이 한참을 웃었다. 수학여행 때는 잠자지 않는 아이들과 밤새 고군분투했고, 그다음 날이 본인 생일이어서 전교생들이 깜짝 생일파티를 열어주기도 했다.

'돼지감자 늙은 신규' 선생님 덕분에 6학년 아이들도, 6학년 선생님들도 학교생활이 무척이나 행복했던 그 시절, 어찌면 본인은 힘들고 인생 최대의 고된 순간이었을지도 모를 그 시절. 오늘도 그 돼지감자 선생님이 보고 싶다.

'허당' 2반 샘

'육담도'에서 마차 뒤에 앉아 우아하게 부채를 부치고 있는 선생님. 처음 봤을 때 미스코리아 뺨치는 외모와 화려한 모습에서 풍기는 아우라를 우리는 감당하기가 힘들었다. 가끔 교실에 놀러 가면 우아하게 책을 읽거나 음악을 듣고 계시던 2반 샘. 사모님 같은 말투로 항상 입바른 말과 칭찬만을 늘어놓으시는데, 선생님의 말은 90퍼센트는 흘려 들어야 사실과 칭찬을 구분할 수 있다.

이런 선생님이 한순간에 '허당 샘'으로 거듭나게 된 것은 학년 회식 때였다. 평소에 어려워했던 선생님을 막내인 돼지감자 샘이 마구 놀린 것이다. 거기에 적절한 성대 모사까지 곁들여……. 한순간에 선생님의 이미지가 봉인 해제되었다.

6학년에서는 학년 교육과정의 속도를 바로 잡아주는 역할을 담당하셨다. 열정이 많던 나를 비롯해 몇몇 선생님의 의견에 제동을 걸며 솔직한 의견을 내주셔서 우리는 속도를 맞춰 함께 걸어갈 수 있었다.

너무 빠르면 지치기 마련이다. 아이 둘을 키우는 엄마로서 가정에서의 역할도 만만치 않으셨을 것이다. 그런 상황을 솔직하게 털어놓으며, 그 누구도 억지로 하거나 끌려가며 하지 않도록 적절하게 템포 조절을 해주셨다. '허당 2반 샘' 덕에 우리는 지치지 않고 1년을 길게 달려갈 수 있는, '가늘고 길게 가는 법'을 배울 수 있었다.

어느 날 수업을 마치고 나는 옆 반인 1반과 2반을 급습했다. 방과 후 돌봄 교실을 운영하느라 엉망인 1반과 달리, 1반 덕에 호사를 누리고 있는 2반의 모습이 대조적이었다. 돼지감자 샘에게 항상 고마워하던 허당 2반 샘, 언제 가도 깨끗하고 정돈되어 있던 교실과 왈가닥 아이들을 큰 문제없이 잠잠하게 이끌어준 선생님의 여유로운 모습. 무엇보다 '워라밸'을 잘 유지하며 가정을 잘 챙기고 학교생활도 즐겁게 하셨던 선생님의 모습에서 한 수 배울 수 있었다.

지금도 어디선가 "샘, 정말 대단해!"라며 90퍼센트 부풀린 칭찬으로 귀를 즐겁게 해주는, 기분 좋은 말들이 귀에 들려오는 것 같다.

6학년 교육과정의 전부였던 4반 샘

6학년 학년 부장은 내가 맡고 있었지만, 선생님들은 다 알고 있었다. 우리 6학년의 실세는 4반 샘이라는 것을.

'육담도'에서 맨 앞에 칼을 들고 우리를 이끌어가는 선생님이 바로 나와 3년을 함께 6학년을 맡아온, 나의 단짝 4반 샘이다.

나와는 다르게 수백 가지 수업 자료를 보유한 선생님이며, 지금도 좋은 수업을 하기 위해 애쓰는 '노력형 선생님'이다. 계획도 없고 즉흥적인 나를 보며 부러워하셨지만, 우리 모두는 항상 노력하는 4반 샘을 따르고 있었다.

수업 진도를 일부러 앞서 나가면서 우리에게 여러 자료와 수업 아이템을 제공해주셨다. 그 자료들을 우리는 날름 받아 사용하곤 했다. 사실 우리가 받았다기보다 4반 샘이 거의 '떠먹여준' 셈이었다. 수업 자료에 준비물까지 그대로 전달해주셔서, 우리는 그대로 사용하기만 하면 되었다. 때로는 얼렁뚱땅 대충 하려다 4반 샘한테 혼나기도 했다.

부족한 나와 3년이나 동 학년을 함께하며 많은 일들이 있었다. 1년간 함께했던 동 학년 동지를 먼저 떠나보내야 했던 슬픈 기억부터, 많은 신규 교사들을 잘 키워 성장시켰던 감동적인 순간까지. 졸업한 아이들이 언제든 다시 찾아올 수 있도록 나와 함께 지금까지 교실을 지켜준, 나의 가족 같은 4반 샘이 많이 그립다.

정신적 지주인 대선배님 5반 샘

5반 샘은 나와 야구로 맺어져 숱한 순간을 함께했다. 정년 퇴임을 몇 년 앞두고 일부러 이 학교를 찾아온 분으로, 자녀들이 모두 이 학교를 졸업했고, 이미 몇 차례 이 학교에서 근무하신, 우리 학교를 진정으로 사랑하는 선생님이다. '나도 선생님처럼 늙고 싶고, 저때까지 좋은 선생님으로 남고 싶다'라는 생각을 날마다 하게 만들어준 분이다. 젊은 우리들이 만들어내는 여러 학년 교육과정과 행사를 한 번도 반대하지 않고 함께해주셨다.

언젠가 선생님이 퇴임하시는 날, 그날 꼭 찾아뵙고 "감사합니다"라는 인사와 함께 꽃 한 다발 안겨드리고 싶다. 그리고 선생님께서 수십 년간 쓰셨던 그 폭신폭신하고 긴 의자를 꼭 물려받아 올 것이다!

그리고 나의 자화상

3년 전 6학년 담임을 처음 맡았을 때는 막막했다. 더욱이 6학년 학년 부장으로 6학년 교육과정을 함께 만들어내고, 동 학년 선생님들과 함께 간다는 것은 나에게는 너무나도 큰 과제였다. 첫해에는 무작정 혼자 부딪쳤다. 닥치는 대로 관련 책을 읽고 연수도 많이 받았다. 무엇보다 아이들과 가까이서 많은 것을 함께했다. 그렇게 부딪치며 하나하나 배우다 보니 3년의 시간이 흘렀다. 이 학교 아이들이 어떤 성향인지, 어떤 가정환경에 있는지, 학부모님들은 무엇을 원하는지, 동 학년 선생님들은 어떤 분들이고 어떤 점이 강점인지 하나하나 깨달아갔다.

3년이라는 시간이 흐르자 그 어디에도 없는 우리 학교, 우리 아이들, 우리 학부모와 우리 동 학년 선생님들만의 6학년 교육과정이 만들어졌다. 만들었다기보다는 만들어졌다는 것이 맞을 것 같다.

윤두서의 〈자화상〉을 잘 보면, 접힌 자국이 보인다. 하루도 빠짐없이 종이를 펴서 자기 모습을 그리고, 접어두었다 또 다음 날 다시 펴서 그렸다. 그렇게 3년간을 천천히, 하지만 끊임없이 그렸다고 한다.

3년이라는 시간을 하루도 빠짐없이 아이들과 함께하며 고민했다. 천천히, 하지만 끊임없이 성찰하고 또 성찰하며 우리 아이들의 성장에 귀 기울였다. 숱한 '경이로운 순간'을 아이들과 함께 경험해가며, 그것을 공유할 수 있었다. 그뿐 아니라 선생님 각자의 삶에서 나오는 또 다른 '경이로운 장면'을 가지고 와 학년 교육과정에 녹여냈다.

이렇게 3년의 시간을 통해 만들어진, 세상 어디에도 없는, 우리만의 6학년 교육과정. 이것이 좋더라 혹은 저것이 좋더라 하는 말에 끌려 다른 누군가의 것을 빌려오고 모방하기보다는, 우리 안에서 경이로운 순간을 통해 만들어낸 우리의 교육과정인 것이다. 그리고 그 교육과정 안에서 만들어지는 또 다른 경이로운 순간들. 우리 반을 넘어 6학년 전체에 펼쳐졌던 그 순간들을 잊을 수가 없다.

이별을
예감하며

방학이 한 달 앞으로 다가오면 방학 날까지 카운트다운이 시작된다. 아이들을 잠시 떠나 나만의 시간(쉼, 연수, 배움, 독서, 정서적 안정, 여행)을 보내는 것은 참 중요하다.

하지만 오히려 방학이 오지 않기를 바랄 때도 있다. 미래의 순간이 기다려지기보다 현재의 순간을 붙잡고 싶은 마음이 크다. 2학기가 되지도 않은 그 시점부터 나는 헤어짐의 순간을 준비하고 있었다. 이 아이들과의 시간이 너무나 소중해서, 이렇게나마 이별과 상실을 마음속에서부터 준비하지 않으면 그 아픔이 너무도 클 것 같아서였다.

D-35

어느 교실에 쓰여 있던 디데이를 나도 가져왔다. 조금 다른 마음으로 말이다.

'이제 이 아이들과 함께할 날(방학, 주말을 제외하고 순전히 아이들을 만날 날)이 35일밖에 남지 않았다. 아이들의 얼굴을 보는 하루하루가 소중하다. 3년간 나의 젊음과 추억이 담긴 이 교실도 마찬가지다.'

35라는 숫자를 칠판 한 구석에 크게 썼다. 아이들이 의아해한다.

"선생님, 그게 뭐예요?"

"우리가 이 교실에서 함께할 남은 날들……."

"……."

때로 정적은 말로 다할 수 없는 감동의 표현이고, 그 어떤 소리도 부끄럽게 만드는 숭고한 침묵이다.

이별을 사전 예고하며 시작한 그날 2교시. 아이들이 자유롭게 사회 조사 학습을 하던 중 아카펠라부 아이들이 노래를 부르기 시작한다. 처음에는 동요를 부르기 시작하더니, 누군가가 갑자기 슬픈 가요를 부른다.

"널 사랑하지 않아. 다른 이유는 없어~"

나도 모르게 따라 불렀다. 평소 동요 같은, 아이들 감성에 어울리는 노래만 부르고 가요는 거의 들려주지 않았다. 그렇지만 오늘은 그냥 같이 듣고 같이 불러도 보고 싶었다. 그 노래를 틀고 아이들과 같이 불렀다.

"널 사랑하지 않아. 다른 이유는 없어~"

가사가 참 슬프다. 그런데 뜬금없이 아이들 한 명 한 명의 얼굴과 표정이 내 눈에 들어와 가슴에 박힌다. 교실을 둘러보게 된다.

"너희들을 많이 사랑해. 다른 이유는 없어~"

첫눈 오는 날, 퇴근 후 운동을 하고 있는데 나의 멘토인 장 샘이 내게 물었다.

"첫눈 오는데 뭐 안 해?"

"나가서 눈싸움 하고 만두도 먹었어요."

"아니, 제수씨랑……."

'아, 내가 제대로 미쳐 있나 보다.'

이 마음이 변치 않기를. 시간이 지나도, 내 삶에 그럴 만한 여유가 없더라도, 나에게 연결되어 있는 사람들이 늘어나도 지금처럼 깊은 마음은 잃지 말자.

특별한
크리스마스

내가 어릴 적에 겨울방학은 크리스마스를 한 주 앞둔 시점쯤에 했었다. 해마다 교회에서 열리는 크리스마스이브 공연을 위해, 방학이 시작되자마자 교회에서 살다시피 했던 기억이 난다.

학교 보수 공사로 여름방학이 길어졌기 때문일 수도 있고, 내가 어릴 때와는 다르게 토요일에 학교에 가지 않기 때문일 수도 있다. 내가 학교에 다닌 지 20년 만에(초등학교 6년, 중학교 3년, 고등학교 3년, 대학교 4년, 교직 4년) 학교에서 크리스마스를 보내게 되었다.

몇 주 전부터 우리의 크리스마스 프로젝트는 이미 시작되고 있었다. 누가 시키지도 않았는데 안 쓰는 트리를 집에서 가져오기 시작하더니, 각종 트리 장식 및 전구까지 하나둘 가져다 꾸미기 시작한다. 가랜드도 함께 만들어보고, 교실 구석구석을 크리스마스 축제의 공간으로 가득 채워났다.

'이제 무엇을 하지?'

교사인 나 혼자서 아이디어를 내기보다는 아이들의 힘이 필요한 때가 왔다.

"학교에서 자요~"

"여행 가요~"

"영화 봐요~"

"맛있는 거 먹어요~"

그래! 다 해보자! 아이들의 의견을 다 모아보면, 여행 갔다 와서 맛있는 것을 먹고, 학교에서 영화를 보고 하룻밤 함께 자는 것이렸다?

사실 학교에서 자는 것은 아이들의 오랜 소원이었다. 영화를 함께 보는 것도 그렇고, 다 같이 맛있는 것을 먹는 것도 마찬가지였다. 그래! 나의 크리스마스이브를 하얗게 불태워 너희들의 소원들을 한 번에 풀어주리라! 진정한 산타 선생님이 되어보자!

12월 24일 수업 후 우리는 전주 한옥마을로 향하는 기차를 탔다. 기차와 택시를 이용해 한옥마을에 도착하자 아이들은 계획해온 대로 순식간에 뿔뿔이 흩어진다. 이럴 때 나이 든 나는 조용히 뒤로 빠져주는 게 아이들의 추억 만들기에 도움이 된다. 조별 대표에게 무전기를 하나씩 건네주고, 오늘 하루 동행해준 체육 전담 선생님(앞에서 소개한 '돼지감자' 선생님, 이날의 동행은 이후 동 학년의 인연으로 발전했고, 이날 아이들과 노는 재미를 발견한 돼지감자 선생님은 담임으로서 자신의 반 아이들과 함께 숱한 추억을 남기게 되었다)과 따뜻한 카페에서 이런저런 이야기를 나누며 언제 터질지 모르는 무전에 귀를 쫑긋 세우고 있었다.

몇 분이 지났을까? 하얀 무언가가 하늘에 날리기 시작한다.

"눈이다!"

우리의 추억을 기념하기라도 하듯 눈이 하늘을 수놓는다. 카페에 앉아 통유리 밖으로 내리는 눈을 보고 있으니, 아이들과 함께한 한 해 동안의 추억들이 뇌리에 스쳐간다.

"집합, 집합!"

시간이 되었다. 약속한 장소로 모이라는 무전에 아이들의 반응이 뜨겁다.

"1호 알았다."

"2호 알겠다, 오바."

"3호 알겠습니다, 충성!"

"4호 예썰!"

"아아~~ 아아~ 이거 되고 있는 건가? ……5호도 완료."

다시 한자리에 모인 우리는 눈보라를 뚫고 오목대에 올라 위대한 사진 한 컷을 찍었다. 매서운 눈보라와 추위를 함께 이

겨낸 우리는 더 이상 이전의 우리가 아니다. 우리는 이제 함께 부대끼며 체온을 나눈 사이가 되었다.

어둑어둑 해 진 뒤 밤기차를 타본 적이 있는가? 돌아오는 기차 안에서 본 바깥 풍경은 올 때 본 풍경과는 사뭇 다르다. 추운 데 있다가 기차 안으로 들어온 우리는 나른하게 몸을 녹였다. 활기 넘치게 떠나올 때와는 다르게, 돌아가는 기차 안은 차분하지만 더욱 깊어진 관계 때문인지 어딘가 낯선 설렘의 공기가 가득하다.

학교에 도착하자마자 추위와 배고픔을 동시에 해결해야 했다. 준비해놓은 불판에 고기를 굽기 시작한다. 이렇게 맛있는 고기가 또 있을까? 준비한 고기는 순식간에 동이 났다. 아이들의 식성을 예측하고 있기에 비상식량으로 라면을 준비해두었다. 라면은 이럴 때를 위해 존재하는 것이리라. 허기진 배를 라면과 밥으로 채운 우리는 체력을 한껏 끌어올렸다.

두셋, 네다섯씩 옹기종기 모여 행복한 모습을 가득 담아 강당으로 걸어가는 아이들의 뒷모습을 내 눈과 마음에 담아본다.

강당에는 학부모님들께서 미리 준비해주신 멋진 텐트가 우리를 기다리고 있었다. 사실 이 1박 2일 여행을 준비하기 전에 부모님들과 함께 머리를 맞대었다. 평소에 뭐라도 도움을 주려 하시는 부모님들의 마음을 아끼고 아껴두었다. 그리고 아껴두었던 '학부모님 찬스'를 이날 사용했다. 아버님, 어머님 몇 분이 함께 땀을 흘리며 텐트를 준비해주시는 모습은 나에게는 뭐라 표현할 수 없는 경이로운 순간이었다. 평소 학교 일에 관심이 많던 어머님들과 다르게, 아버님들의 학교 참여는 제한적일 수밖에 없다. 아버님들의 조금 특별한 노력과 사랑은, 밤새 따뜻함으로 우리 아이들을 감싸주었다.

아이들의 패션도 눈에 띄었다. 어느 틈에 옷을 맞추기로 했는지 모두들 예쁜 수면 바지를 입고 있었다. 도톰한 수면 바지를 입은 아이들이 뒹굴뒹굴하는 모습은 교실에서 만나던 아이들과는 다르게(?) 사랑스럽기까지 했다.

"자, 이제 타임캡슐 만들자!"

물 만난 듯 강당 구석구석을 뛰어다니던 아이들이 속속 자리에 앉는다. 그리고 미리 준비한 편지지에다 '20년 뒤의 나'에게 편지를 쓴다. 따뜻한 마음을 편지지에 그대로 옮겨본다.

다 쓴 편지지를 타임캡슐 통에 조심히 넣고 각자의 텐트로 입실!

그다음 순서는 영화 보기다. 자동차 극장보다 더 안락한 텐트 극장이다. 대형 스크린에 큼직하게 나오는 화면, 강당의 짱짱한 사운드, 텐트 안의 편안한 공간, 살을 맞댈 수 있는 좋은 친구들. 그 어떤 영화관과도 비교할 수 없다. 영화는 추억의 영화 〈나 홀로 집에〉를 골랐다. 아이들을 이해할 수 있는 좋은 도구는 나의 어릴 적 기억을 소환하는 것이다. 내가 이 아이들만 할 때 재밌었던 것을 그대로 가져오면 성공할 때가 많다. 두 번, 세 번, 아니 열 번은 넘게 봤을 영화. 어디에 어떤 함정이 있고 계략이 있는지 눈 감고도 외울 만한 영화였다. 이게 요즘 아이들에게도 먹힐까 싶었지만 나의 직감은 통했다. 깔깔대기 시작하는 아이들. 내가 알던 웃음의 지점, 거기서 정확하게 웃는 아이들.

영화의 엔딩 자막이 올라가고, 이미 잠든 아이들의 콧소리가 들린다.

'얘들아~ 메리크리스마스! 잘 자렴!'

우리의 뜨거웠던 크리스마스이브 밤이 그렇게 깊어갔다. 불 꺼진 강당, 텐트마다 들려오는 아이들의 숨소리. 모두 잠든 고요한 시간. 몇 년이 지난 지금도 그 공간은 여전히 나에게 '경이로운 공간'으로 남아 있다.

새벽 4시쯤 되었을까.

쿵, 쿵쿵, 쿵쿵쿵……

드디어 예상했던 일들이 일어난다. 몇몇 아이들의 장난이 시작될 시간이다. 아이들에게 좋은 추억이 될 장난이기에 모르는 척 그냥 둔다. 사실 그 순간 나에게는 일어날 힘이 '1도' 남아 있지 않았다.

해가 떠오르고 우리의 1박 2일 여행이 마지막을 향해 달려간다. 아침 일찍 찾아오신 부모님들. 든든히 먹을 모닝빵을 가지고 방문하셨다. 아이들이 특급 조식을 즐길 동안, 막막했던 텐트 해체 작업은 부모님들의 손길로 순식간에 마무리되었다.

지금도 크리스마스가 되면, 나의 SNS는 이날의 기억을 되살려준다. '1년 전 추억보기', '2년 전 추억 보기', '3년 전 추억 보기'. 나의 SNS가 이날의 추억을 '20년 전의 추억 보기'라고 친절히 알려주는 그날, 우리는 다시 만나 묻어두었던 그때 추억을 다시 꺼내볼 것이다.

교사에게
2월이란

사랑하는 아이들을 졸업시키고, 처음으로 휴식다운 휴식을 누린 2월 봄방학. 그런데 왜 이렇게 힘이 없고 기분이 처지는지 알 수가 없다.

이유를 알 수 없어 아내에게 물어보았다.

"새로운 학년과 새 학교에 대한 기대가 넘쳐야 하는데, 나 왜 이러지?"

아내가 명쾌한 대답을 주었다.

"오빠 올해만 이런 거 아니야. 작년에도 제작년에도 이랬어."

그랬다. 나는 2월 이맘때만 되면 이런 상태가 되곤 했다.

누군가는 책임질 아이들 없이 진정한 자유로움과 쉼을 누리고, 누군가는 새로운 학년에 대한 기대감으로 열심히 새 학년을 준비한다. 그러나 나는 2월만 되면 힘이 없다.

올해는 5년간 농사를 지었던 학교를 떠나 새로운 학교로 가서 새로운 역할을 수행하게 된다. 그래서인지 악몽을 꾸기도 한다. 새로운 학년인 2학년을 맡아 수업을 하는데, 작년 아이들이 생각나서 좌절하는 꿈이었다.

매년 잘 커준 아이들은 나에게 제자라기보다는 좋은 친구였다. 그래서 외롭지 않았나 보다. 그 아이들이 내 용기의 원천이었나 보다. 떠난 아이들을 걱정할 때가 아니다. 여전히 아이들을 그리워하는 내가 걱정이다.

사랑하는 우리 반 아이들이 졸업을 했다. 이제 사랑하는 나의 제자들과 생활했던 공간(나의 교실)과도 작별을 눈앞에 두고 있다.

3년간 사용했던 교실. 때로는 밤늦게까지 이 교실에 남아 일을 하거나 수업을 준비하곤 했다. 제자들이 학교에 들렀다가 밤늦게 불이 켜진 교실을 보며 반가운 목소리로 나를 부른다.

"이대윤 선생님~"

그 소리에 지친 내 몸은 언제 그랬느냐는 듯 생기가 돌았다. 그리고 나는 하던 일을 잠시 멈추고 창을 열어 인사를 하며 교실에 비축해둔 과자를 창밖으로 던져주곤 했다. 그런 추억들이 담겨 있는 교실이다.

2월은 나에게 그리움이 사무쳐 우울한 달이다. 그 슬픔은 3월까지, 때로는 4월까지 계속되기도 한다. 부디 이 슬픔이 새로운 만남으로 치유되기를.

졸업하는 우리 아이들에게 띄우는 편지

　자세히 보아야 예쁜. 오래 보아야 예쁜 너희들 6학년 3반 28명, 그리고 6학년 138명의 꽃들에게 전하는 편지.

　누군가 선생님에게 가장 행복한 순간이 언제냐고 묻는다면, 선생님은 1초의 망설임도 없이 바로 지금 이 순간이라고 대답할 거란다. 매 순간을 아름답게 만들어준 너희들에게 먼저 고맙다는 말을 하고 싶구나.

　아침에 교실 문을 열면 환하게 인사해주는 너희들이 있어 하루를 행복하게 시작했고, 어떤 수업이라도 즐겁게 참여해주는 너희들 덕분에 매 순간이 보람찼어.

　점심을 먹을 때도 사소한 이야기를 조잘조잘 해줘서 즐거웠고, 점심 식사를 마치고 교실까지 걸어가는 길에도 따라와서 놀아달라고 하는 너희들 덕분에 내가 사랑받고 있다는 것을 날마다 느낄 수 있었어.

　비를 맞으며 떠났던 여학생들과의 기차 여행도, 남자들끼리 목욕탕에 갔던 추억도, 선생님의 인생에서 가장 중요한 결혼식에 한 명도 빠지지 않고 와서 축가를 불러주었던 것도 잊을 수 없지만, 무엇보다 교실에서 웃고 떠들고 화내고 했던 일상의 하루하루가 더 많이 그리울 거야.

너희들이 떠나가면 선생님은 시원섭섭할 거라 생각할지 모르겠구나. 하지만 왜 시원한 마음은 전혀 없고 섭섭한 마음만 가득한지. 1년간 후회 없이 최선을 다해 사랑했지만, 선생님의 마음속에는 여전히 너희들에게 줄 사랑이 남아 있는 것만 같구나. 내가 너희들에게 준 사랑보다 너희들이 선생님에게 준 사랑이 더 많아 그런가 보다.

자세히 보아야 예쁜 꽃, 오래 보아야 예쁜 꽃.

너희들이라는 꽃이 시들지는 않았는지, 매일매일 살피고 물을 주며 사랑으로 너희들을 키웠던 것 같아. 하지만 이제 그 역할이 조금은 달라질 것 같구나. 이제는 너희들이 자라나는 모습을 멀리서 지켜봐야 하는구나. 하지만 멀리서 너희들이 자라는 모습을 보며 매 순간 기도하는 선생님이 되고 싶다.

지금은 작은 꽃이지만, 먼 훗날 각자 아름다운 꽃과 나무로 성장해서, 많은 새들이 와서 쉬어 갈 수 있는 멋진 친구들이 되었으면 좋겠다. 조금씩 성장해가는 너희들의 모습을 보는 것이 선생님에게 가장 큰 보람일 테니.

마지막으로 우리 6학년 친구들의 꽃을 피우기 위해, 함께 물을 주고 거름 주는 일을 게을리 하지 않았던 동 학년 선생님들께 감사하다는 말씀을 꼭 전하고 싶습니다. 선생님들이 아니었다면, 지난 시간 걸어온 길이 외롭고 힘들었을 겁니다. 함께여서 단 한 순간도 외롭거나 힘들지 않았습니다. 가족이라는 단어로밖에 표현할 수 없는 동 학년 선생님들! 사랑합니다.

다시 한번 우리 친구들의 졸업을 축하하며, 앞으로 여러분 앞에 펼쳐질 삶의 여정을 묵묵히 응원하겠습니다.

2018년 2월 9일

너희들을 가슴 깊이 사랑하는 이대윤 선생님이

중학생이 된 나에게
쓰는 편지

졸업식을 이틀 앞두고, 중학생이 된 미래의 나에게 편지를 쓰는 시간을 가져보았다. 어느 2월에 있었던 연수에서, 미래(3월)의 나에게 쓴 편지를 시업식 당일 교실에서 읽었을 때 감회가 남달랐기에, 그 느낌을 아이들에게 심어주고 싶었다.

아이들이 3월 2일에 중학교에 등교하면 바로 읽어볼 수 있게끔 보내려고 했으나, 중학생이 된 첫날에는 정신이 없을 것 같아 시기를 조금 늦춰 편지를 보내기로 했다. 한 명 한 명의 편지 봉투에 각자 배정받은 중학교와 반을 써 넣었다.

그리고 그러면 안 되지만, 아이들의 편지 내용이 너무 궁금해서 몇몇 아이들 것만 뜯어보았다. 털털한 줄만 알았던 남자 아이들의 편지에 의외로 마음이 뭉클해졌다. 평소에 이런 표현에는 서툴다고 생각했던 아이들이었는데, 자신에게 쓰는 편지에는 진심이 물씬 담겨 있었다.

1년간 아이들과 함께했던 시간과 나의 노력이 결코 헛되지 않았음을 다시 한번 느낄 수 있었다. 소소하지만 진지한 태도와, 삶을 진실되고 성실하게 살아내고자 하는 나의 인생 철학과 가치관이 아이들의 삶에도 고스란히 새겨졌음을 느낄 수 있었다. 내가 떠나도, 내가 이 생을 마감하더라도, 누군가의 삶에 내 모습이 녹아 있다는 게 얼마나 감격적인지.

별들이 다시 불을 켤 시간이다.
얘들아, 다시 불을 켤 시간이다! 각자의 위치에서 너희들의 불을 활짝 켜고 힘차게 살아가렴. 너희들의 삶을 응원한다. 사랑해!
이 편지들이 너희들 손에 전달될 생각을 하니 벌써 설레고 두근거리는구나!

우리 다시
만날 수 있을까

"선생님, 선생님은 스승의 날에 제일 받고 싶은 선물이 뭐예요?"

"음…… 우리의 추억이 담긴 그 교실에서 소중한 너희들과 다시 한번 뭉치는 거……."

시간은 흘러간다. 오늘은 내일의 어제가 되고, 올해는 내년의 작년이 된다.

2015년은 내가 6학년 담임을 처음으로 경험한 해이다. 아이들을 어떻게 가르쳐야 할지도 모르고, 어떻게 마음을 읽어줘야하는지도 몰랐던 나는 그야말로 '초짜 선생님'이었다. 내가 가진 것이라고는 열정, 그리고 아이들을 누구보다 사랑하는 뜨거운 마음 하나였다. 학급 경영에 대한 기술? 사춘기 아이들을 잘 다루는 방법? 수업에 대한 전문성? 진학에 대한 깊이 있는 지식? 그 어느 것 하나 갖추지 못한 나는 맨땅에 헤딩

하듯, 야생과 같은 6학년에 던져지고 말았다.

하지만 나의 그런 무대포 같은 열심과 사랑을 이 6학년 아이들은 충분히 알고 이해해주었다. 우리는 첫사랑의 뜨거움으로 서로를 사랑했고, 다소 서툴렀지만 그 어느 때보다 순수했다. 다소 투박하고 거칠었지만 서로에게 진실했다.

이 아이들을 다시 만나고 싶었다. 내가 이 교실을 언제까지 사용할지 모르고, 이 학교에 언제까지 근무할지도 모른다. 이 아이들과 이 공간에서 다시 만날 수 있는 기회는 어쩌면 다시는 돌아오지 않을지도 모른다.

추억이 담긴 그 공간에서 이 아이들과 함께 다시 한번 호흡하고 싶었다. 그렇게 우리는 스승의 날에, 추억의 교실에서 다시 만나기로 약속했다.

마침내 아이들과 만나기로 약속한 날이 왔다.

'우리 교실을 잊어버리지는 않았을까? 4층인 건 알겠지?'

미리 만들어둔 포스터를 정문, 현관문, 그리고 복도까지 쫙 붙여놨다. 새로운 중학교에 적응하느라 교실을 찾지 못할 아이들을 위해 친절하게 안내를 해준 것이다.

"선생님~"

"이야~ 찬샘이~ 이게 얼마만이냐!"

저 멀리서부터 내게 달려와 안기는 아이는 어제까지 이 교실로 등교한 것처럼 친숙하게 교실을 향해, 그리고 나를 향해 달려온다.

이어서 세림이, 상민이, 강찬이. 보고 싶었던 아이들이 한 명 한 명 교실로 들어온다. 각자의 중학교 사연을 한 보따리씩 가지고, 새로운 삶의 이야기를 가득 싣고 나에게로 온다.

"선생님, 저희 중학교는 교복을 아직 안 줘요. 진짜 입고 싶은데."

"선생님, 저는 우경이랑 같은 반이 됐는데요, 우경이가 초딩 때랑 다르게 되게 이상해졌어요."

"선생님, 저희 반 담임샘 되게 이상해요."

나는 한 명인데 들어줘야 할 이야기는 산더미 같다.

"그래, 그래. 차츰 들어보기로 하고, 우리 만났으니 뭐라도 먹어야지? 너희 좋아하는 짜장면 시켜놨다."

"와~~~~"

나를 다시 봤을 때는 이렇게까지 좋아하지는 않더니만, 짜장면 먹는다고 하니 학교가 떠내려가도록 소리를 지른다.

까불이 선우, 식탐 많은 현준, 틴트 전문가 수빈이, 너희들 모두 보고 싶었다. 여전히 사랑스럽구나!

다시 못 올 공간일 수 있으니 단체 사진을 함께 찍었다. 그리고 어느 틈에 준비했는지 케이크가 등장한다.

"샘~ 이거요!"

"이게 뭐야?"

"스승의 날이잖아요. 케이크예요."

"너희들이 선물인데 무슨 케이크까지 사 왔어!"

선물을 받아서가 아니라, 선생님에게 고마워할 줄 아는 아이들의 모습에 더 큰 감동을 받았다. 어느새 몸과 마음이 이렇게 성장했는지, 몇 달 전만 해도 교실에서 친구들과 싸우고, 선생님한테 삐지던 아이들이었는데…… 이제는 선생님을 생각해주는 아이들이 되어서 나타났다.

"샘~ 우리 타임캡슐 묻어요."

"좋지. 편지지는 있는데, 통은 어디에 담지?"

"이거요!"

아이들이 항상 탐내던 나의 단백질 보충제 빈 통. 이것저것 담아두는 통으로 사용했는데, 이거면 20년은 충분하겠다.

편지라면 질색하던 녀석들까지 진득하게 앉아 20년 후 자신에게 편지를 쓰기 시작한다. 시끌벅적했던 교실이 조용해진다. 20년의 후의 자신과 조우하는 시간을 충분히 가진 뒤, 썩지 않을 빈 통에 편지를 차곡차곡 담기 시작한다.

"이제 나가자!"

"어디에 묻을까?"

"우리 삼겹살 파티 했던 그 정자. 그 나무 옆에 묻어요!"

"잘 기억해둬. 이 나무에서 삽 하나 옆인 이곳이야. 누군가는 꼭 기억해야 해!"

상자를 감싼 것은 철제 통과 쓰레기 봉투였지만, 그 안에 담긴 것은 우리 아이들의 미래였다. 20년의 시간을 이어줄 소중한 매개체라고 할까?

'이 통을 열어볼 날이 올까?'

'우리는 20년 뒤 다시 만날 수 있을까?'

많은 생각을 하며 흙으로 그 자리를 덮고, 우리 외에는 누구도 알 수 없도록 흔적을 깨끗이 없앴다.

사랑을 하면 할수록, 나이가 들면 들수록 우리는 성숙해진다. 하지만 성숙함 이면에는 여러 이물질들도 함께 쌓이게 된다. 순수함과 진실함의 자리에 술수와 치밀한 계산이 자리하게 된다. 감정의 기복이 요동치던, 날것 그대로의 뜨거운 감정은 성숙하지 못한 것으로 치부되고, 이성이 감성을 억누를 수 있는 냉랭한 사랑이 우리 삶을 잠식해간다.

'그때처럼 사랑할 수 있을까?'

우리는 첫사랑의 풋풋함을 그리워하며, 다시는 그렇게 사랑할 수 없다는 것을 누구보다 잘 알고 있다. 교사로서 그렇게 사랑했던 나의 6학년 첫 제자들과의 뜨거웠던 시간. 감정의 기복이 심해 울고 웃고를 반복했던 그 시절. 화려한 기술은 없어도 사랑의 감정은 넘쳐났던, 6학년 담임 초년생 나.

풋풋했던 그 시절 처음 품었던 순수함을 잃지 않기 위해, 오늘도 나는 나에게도 아이들에게도 6학년이 처음이었던 그해를 추억하고 되새겨본다.

3부

'우리'라는
학교

학생이
되어보기

교사는 가정에서도 가르치고 지시하려는 습관을 버리지 못한다고 한다.

"여보! 이것 좀 치워요. 이것도요. 저기는 왜 안 치웠어요?"

남편이나 아내, 자녀들을 대할 때 자기도 모르게 지시하고 시키는 것이다.

교사가 되어보니 아무리 학생 편에서 생각하고 아이들을 배려하려 노력해도, 내 중심적인 사고와 판단으로 아이들의 말이나 행동을 자꾸만 권위적으로 저지할 때가 많다. 나 또한 과거 교사 중심의 삶과 예절을 강조하던 학교 교육 아래 자란 사람이다 보니, 몸에 배어 있는 옛 습관을 떨쳐내기가 쉽지 않다.

이런 옛 생각과 행동, 사고방식이 스물스물 올라오려 할 때마다 나의 내면에 있는 '자가 각성 장치'를 작동시키곤 한다. 일명 '교사 브레이크 장치'라고 불린다.

'아이들이 이러는 건 당연해. 애들이니까 그렇지. 너 지금

뭐 하는 거야? 너 꼰대 같은데?'

　이렇게 스스로 각성하면 나의 '꼰대' 기질은 더 확장되지 못하고 제자리로 돌아가곤 한다.

　일명 '교사의 갑질'이라 불리는 그런 행동들은 자신이 학생이 되어보면 조금씩 보인다. 심리학에서 '거울 이론'이라 불리는, '자신을 바로 보기'의 한 방법인 것이다. 우리는 스스로 객관적 인지 능력을 갖추기는 어렵기 때문에 책이나 타인을 통해 자신을 객관적으로 볼 수 있게 된다. 무엇보다 내가 직접 상대방 역할이 되어보는 것은 다른 어떤 방법보다 상대방을 이해하는 데 큰 도움을 준다.

　하지만 한번 교사가 되면, 다시 학생이 될 기회는 좀처럼 찾아오지 않는다. 나에게 학생이 될 기회가 찾아왔는데, 그것은 대학원 입학이었다. 여름방학을 이틀 앞두고 나는 학생이 되었다. 우리 교실은 공간은 참 편안하고 행복한 공간이었는데, 이제 낯선 교실로 가야 했다. 학생 신분으로.

　한 달이라는 긴 시간 동안 아이들과 헤어져야 하는 것도 힘든 일이지만, 낯선 환경과 낯선 역할(학생)로 2주간을 버텨야 하는 것도 두려웠다. 한 달간의 이별을 앞둔 그날, 우리 아이들이 나에게 편지를 써주었다.

영원히 선생님을 사랑하고 존경하는 28개의 작은 별이 있어요.
남은 시간 동안 우리를 조금 더 소중한 별로 만들어주실 거라 믿어요.

— 지영

유치원 때부터 5학년 때까지는 방학이 빨리 왔으면 좋겠다고 생각했는데 방학이 없으면 좋겠다고 생각한 건 처음인 것 같아요.

— 채림

힘드실 때 뒤에서 제가
받쳐드리겠습니다.

— 솜탕이

선생님이 되어도 좋겠다는
생각을 했어요.
저도 선생님 같은 어른이
되고 싶어요.

— 민교

남자들끼리는 때로는 말로 표현하는 것보다 말하지 않아도 통하는 뭔가가 존재한다. 평소에는 낯간지러워 이런 말은 하지도 못하는데, 글의 힘을 빌려 진심을 표현한 것을 보니 큰 감동이 몰려온다. 사랑한다고 표현하는 것도 감동적이지만, 말로 표현하면 될 것을 쭈뼛거리며 내 주변을 서성이다 그 마음이 차고 차서, 말하지 않아도 알게 되는 그 따뜻한 감정. 이런 숨겨왔던 마음을 보는 것도 교사로서 만날 수 있는 경이로운 순간의 한 장면일 것이다.

한 아이의 편지를 읽고, 대학원에 가면 꼭 진짜 학생이 되어보겠다는 다짐을 하게 되었다.

선생님이 수업 한번 하시면 너무 집중하셔서 쉬는 시간까지 수업하는 것이 싫은 애들도 있고, 가끔은 저도 싫었습니다. 하지만 저는 그것도 고맙습니다. 저희 쉬는 시간도 없어지지만 선생님의 쉬는 시간도 뺏기기 때문입니다.

— 정현

'내가 아이들의 금 같은 쉬는 시간을 제대로 확보해주지 못했구나. 내가 학생 때도 쉬는 시간까지 수업하는 선생님이 제일 싫었는데……'

아이들의 사랑이 듬뿍 담긴, 응원과 격려의 편지를 가방에 챙겨 2주간 학생이 될 대학원 기숙사로 향한다. 여러 배움도 소중하지만, 무엇보다 '아이들 입장이 되어보기', '학생이 되어보기'라는 배움도 놓치지 않으리. 공부하면서 힘들 때마다 아이들의 편지를 꺼내 읽으리라 다짐해본다.

　　다음 학기, 또 그다음 학기에도 나는 다른 무엇보다 우리 아이들의 편지부터 가방에 먼저 챙기는 습관이 생겼다.

워라밸

'워라밸'은 '일과 삶의 균형'이라는 의미인 'Work-life balance'의 준말이다.

아이들과 노는 것을 좋아하는 선생님, 퇴근 후만이 아니라 쉬는 날에도 가끔 아이들과 놀러 나가는 선생님을 남편으로 둔 아내는 어떤 마음일까? 주변에 그런 선생님들의 아내분을 우리는 '보살'이라고 부른다. 그분들에게 어떻게 그렇게 이해하면서 사시느냐고 여쭤본 적이 있다.

"이제 뭐 포기하고 살아."

나의 아내는 결코 그렇게 살고 싶지 않다고 못박았으니, 나는 '워라밸'을 꼭 지키며 살아야 한다.

그해에는 학교 보수 공사로 여름방학이 길어진 탓에 겨울방학이 짧아졌고, 겨울방학을 늦게 시작(1월 5일)하게 되어 우리는 성탄절과 새해를 함께 보낼 수 있었다.

남학생들과 한 번씩 야구, 축구, 농구 등 스포츠 경기를 보러 가기로 했는데, 주말에 가족 행사가 겹치면서 한두 명과는 방학이 가까워지도록 경기를 보러 가지 못했다. 실망하는 아이들의 모습을 볼 수 없어, 농구를 함께 보러 가기로 했다. 아이들과 나의 일정, 가까운 경기장에서 열리는 일정이 모두 맞아야 했다.

그런데 이걸 어쩌나! 크리스마스 날 외에는 우리가 경기를 함께 볼 수 있는 날이 없었다. 크리스마스 날인데, 아이들이랑 농구 보러 간다고 하면 아내는 기가 막힐 것이다. 아이들과의 약속, 화목한 가정생활. 이 둘 사이에서 나는 꼬박 하루를 고민했다. 더 고민한다 한들 뾰족한 수가 나올 것 같지는 않아, 일단 아내의 기분을 매우 흡족하게 해드린 후 조심스럽게 이야기를 꺼내보았다.

"자기, 농구 좋아해?"

"응, 좋아하지. 왜?"

'걸려들었구나. 지금부터가 중요해. 정신 똑똑히 차리자.'

"이번 크리스마스에 가까운 데서 농구를 하더라고. 같이 보러 갈까?"

"좋지~"

"근데 우리 반 아이들 현우랑 지환이 알지? 그 귀여운 녀석들 말이야."

"응, 잘 알지~"

"그 애들도 같이 데려가면 어때?"

잠시 침묵의 시간이 흐른다. 이 시간이 몇 년처럼 더디게 느껴진다.

"내가 오빠를 몰라? 으이그!"

나의 뻔한 작전에 눈 감고 속아주는, 보살이 되기 직전의 아내 덕에, 우리는 크리스마스 날 아이들과 함께 농구를 보러 가게 되었다.

크리스마스 당일, 농구 경기장은 만원이었고 관중석은 열기가 뜨거웠다. 다채로운 크리스마스 행사에 우리 부부도 아이들도 크리스마스 분위기를 가득 느낄 수 있었다.

농구 경기는 1, 2쿼터가 끝나면 긴 휴식이 있다. 10~15분 정도 쉬는 시간에 경품 추첨이 있었다.

"어? 선생님, 저 이거 당첨되었어요!"

설마 했는데 한 아이의 표가 당첨되었다. 뜻하지 않게 스포츠 장갑을 경품으로 받게 되었다. 그뿐만이 아니었다. 우리가 응원하는 팀이 2쿼터까지는 지고 있었는데 3, 4쿼터에 극적으로 동점을 만들었다. 4쿼터 버저비터로 극적인 동점골, 연장전에 들어가 터진 3점슛. 우리는 또 한 번의 인생 경기를 보았다.

경기가 끝난 뒤 모두 함께 닭갈비를 맛있게 먹고, 아내와 집으로 돌아왔다.

"오늘 즐거웠어?"

"응~ 농구가 이렇게 재밌는 스포츠인 줄 몰랐어. 경품도 당첨될 줄이야!"

행복해하는 아내를 보며 다행이라는 생각이 들었다. 하지만 나는 꼭 선을 넘는 게 문제다.

"그럼 다음에 또 애들이랑 같이 갈까?"

"아니!"

워라밸. 일과 삶, 학교와 가정 사이에서 균형이 필요하다. 하나를 포기해야 하는 상황이 된다면, 지금의 나는 일과 학교를 조금 내려놓을 필요가 있다.

하지만 둘 다 함께할 수 있다면, 교실에서 일어나는 경이로운 순간을 나 혼자가 아니라 나의 가족과 함께 공유할 수 있다면, 그 기쁨은 배가 되지 않을까.

학교 근처에
사는 것

나른한 토요일 오후, 설거지하기 딱 좋은 날씨.

뽀득뽀득 설거지를 하던 중, 저 멀리 라이딩을 하는 몇몇 사람들의 모습이 눈에 띄었다.

"날아가는 새들 바라보며, 나도 따라 날아가고 싶어."

자전거를 타고 달려가는 그들을 바라보며 나도 따라 달려가고 싶……으나, 두 눈 똑바로 뜨고 지켜보는 아내가 있다.

자세히 보니 어른은 없고 아이들만 보인다. 친구들끼리 몇 명씩 모여 라이딩을 하나 보다. 저기에 선생님인 나만 들어가면 딱 좋은 그림일 텐데…….

지금 다니는 학교는 집에서 무려 40킬로미터나 떨어져 있다. 학교 가까이에 살게 되면 아이들이랑 하고 싶은 것이 몇 가지 있다. 함께 자전거 타기, 같이 등산하기, 같이 밥해 먹기, 같이 사우나하기, 그리고 같이 책 읽기 등……. 아이들과 여가를 함께 보내는 것, 일상을 함께 보내는 것, 그리 힘든 일이 아닌데, 지금은 때가 아닌가 보다.

지난 몇 년 동안 학교는 나의 생활 공간 그 자체였다. 단골 세탁소, 단골 음식점, 헬스장, 꽃집까지 내 삶에 꼭 필요한 곳들이 모두 학교 근처에 있었다.

그뿐 아니라 상황에 맞는 상권 메커니즘을 다양하게 갖추고 있었다. 급하게 꽃을 사야 할 때는 제자 수은이의 어머니가 하시는 꽃집에 미리 전화해놓고 사러 간다든지, 상담도 할 겸 반 아이 부모님이 하시는 신발 빨래방에 간다든지. 집 근처에 '학부모님 상권'이 두루두루 있었을 뿐만 아니라, 아이들이 싸웠을 때 화해시키기 좋은 식당과 카페, 그저 많이 먹어야 하는 아이들을 데리고 갈 만한 무한리필 고깃집 같은 '우정 상권'도 상황별로 충분히 알고 있었다.

학교 주변에 살았던 덕분에 일어난, 몇 가지 소소한 에피소드가 있다.

최고의 생일 선물 고르기

그해에는 어떤 학급 이벤트보다 학급 생일 파티가 아이들에게 가장 큰 호응을 얻었다. 교사로서 나는 무언가 대단한 것을 준비하기보다는, 평소에 아이들 한 명 한 명을 깊이 관찰하고 관심 있게 지켜본 뒤, 아이에게 꼭 필요한 것이 무엇인지 생각해두었다 선물하는 역할을 했다.

"어, 선생님, 제가 이게 필요한지 어떻게 아셨어요?"

이런 말을 들을 때 기분이 제일 좋았다.

하지만 때로는 혼자 힘으로는 버거울 때가 있다. '이 선물을 받고 좋아할까' 하며 물건을 들었다 놨다를 반복하기도 한다.

아이들 마음은 아이들이 가장 잘 아는 법이다. 내가 왜 처음부터 그 생각을 못 했을까? 혼자 끙끙대지 말고 지원군을 요청하기로 했다.

〈급 번개! 지금 선생님이랑 마트에서 맛있는 거 먹을 사람 나와라!〉

메시지를 돌리자 몇 명이나 나왔을까? 사실 모든 아이들이 무척이나 나오고 싶었을 것이다. 하지만 요즘 초등학생의 스케줄이 바쁜 어른의 스케줄을 능가할 정도이니, 심지어 부모님이 매니저 역할까지 하고 있으니, 번개로 부른다고 나올 수 있는 아이들이 그리 많지 않으리라는 생각이 들었다.

잠시 뒤 아이들 몇몇이 속속 도착한다. 학원으로부터 자유로운 아이들과 함께 마트와 다이소를 샅샅이 뒤져, 친구들 마음에 쏙 들 만한 선물을 구입했다. 군데군데 있는 시식 코너와 장난감 코너는 우리에게 소소한 재미를 더했다. 임무를 완수했으니 일당을 줘야 하는 법! 큰 피자 한 판과 맛있는 짜장면을 왕창 시켜 배불리 먹게 해줬다. 그렇게 일석이조, 선물 사고 추억 쌓고, 도랑 치고 가재 잡는 기쁨을 누려보았다.

선생님들에게 학교 근처에 사는 것에 대해 물어보면 많은 분들이 불편하다고 말할지 모르겠다. 편안한 복장으로 장을 보러 갈 때마저도 신경이 쓰일 것이다. 분명 불편한 측면이 있을 수 있다. 하지만 좋은 점도 많다. 언제든 쉽게 아이들과 일상을 함께 보낼 수 있다는 장점. 삶과 삶으로 만나 서로가 서로에게 배움의 대상이 될 수 있다는 장점.

지금도 가끔 이곳을 갈 때마다, 사랑하는 나의 제자들이나 학부모님을 만날 수 있을까 하며 마음이 설렌다. 간혹 저 멀리 나의 벗들이 보이면 귀찮더라도 달려가 반갑게 인사를 나누고 온다. 멀리서 어렴풋이 내가 알고 있는 아이들이 보이면 그렇게 반가울 수가 없다.

함께 먹는 밥 한 끼

일요일 저녁, 학교 근처에 들를 일이 있었다. 볼일을 보고 집으로 돌아가는 길에, 작년에 졸업한 우리 반 아이가 동생과 함께 하릴없이 배회하는 모습이 내 눈에 포착되었다.

'이 녀석들 분명 저녁도 안 먹고 저러고 있을 텐데……'

"진서, 잘 지냈어? 여기서 뭐 하니?"

"선생님, 맛있는 거 사주세요!"

내 질문에 대답은 하지도 않고 대뜸 맛있는 걸 사달라니. 여태 저녁을 안 먹었나 보다.

"선생님도 저녁 안 먹었는데. 그래, 여기 김밥집에 가자!"

허기진 배를 빠른 시간 안에 채울 만한 곳은 분식집밖에 없다. 나와 제자와 그 동생까지 우리 셋은 6인분을 시켰다. 여섯 개 메뉴가 한꺼번에 나오지 않고 하나씩 하나씩 감질나게 나온다. 안 그래도 배고픈 남자 셋인데 이렇게 나오면 배가 차지 않는다. 여섯 가지 중 다섯 개 메뉴가 나왔는데 여전히 배가 고프다. 내가 배고픈 걸 보니, 이 아이들도 분명 배가 안 찬 게 분명하다. 이대로 마지막 메뉴가 나오면 형과 동생이 싸울지도 모르겠다 싶어 두 개를 더 주문했다. 그렇게 우리는 배불리

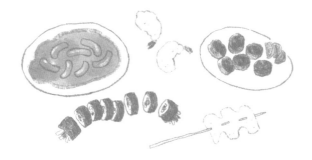

먹은 뒤 식당을 나와 인사를 나누고 각자 집으로 향했다.

1년 전 이 아이의 담임이었던 때가 기억났다. 아이는 매일 똑같은 옷을 입고 학교에 왔다. 끼니를 자주 걸렀고 식탐이 많았다. 이 아이뿐만 아니라 몇몇 아이들에게는 매일의 저녁 한 끼, 주말의 일곱 끼(금요일 저녁 식사, 토요일과 일요일의 각 세끼)를 제대로 해결하는 것이 그리 쉬운 일은 아니었다.

학교 근처에 살고 싶다. 일상을 함께하고 싶다. 일상을 나누고 싶다. 따뜻한 밥이든 라면이든 좋다. 함께 먹고, 함께 봄, 여름, 가을, 겨울 사계절을 누려보고 싶다. 큰 것을 나눌 수는 없겠지만, 나의 작은 일상을 나누고 싶은 마음이 간절하다.

우리의 뜨거웠던 그 시절, 추억이 살아 숨 쉬는 그 공간. 나의 제자들이 지금도 살고 있는 그곳.

아내와 함께 처가에 가기로 한 날은 아침부터 가슴이 설렌다. 처가가 예전 학교 근처에 있기 때문이다. 오늘은 반가운 얼굴을 만날 수 있을까?

명절 함께
보내기

배가 터질 듯 푸짐한 음식과 1년에 한 번 만나는 반가운 친척들, 무엇보다 긴 연휴 동안 몸도 마음도 쉴 시간을 갖게 되는 명절. 나는 이 명절을 조금은 다르게 보내왔다. 친척이 많지 않아 우리 가족은 맛있는 음식을 먹으며 윷놀이나 민화투 한 판 하며 소소하게 명절을 보내곤 했다. 귀성길에 차가 막히거나 친척들에게 세뱃돈을 받는 경험은 한 번도 해본 적이 없다. 다만 명절에 나를 가장 행복하게 했던 것은, 엄마가 해주시는 기름진 튀김들이었다.

그 음식들을 얼마나 좋아했던지……. 친구들과 나가서 놀기는 해야 했고, 음식은 먹어야겠고. 그래서 나는 엄마가 해주신 튀김들을 양 옆 주머니와 뒷주머니까지 빵빵하게 담아 놀러 나가곤 했다. 하루는 주머니에 음식을 넣어둔 것을 깜빡했는지, 엄마가 빨래를 할 때마다 주머니에서 튀김이 나오는 희한한 경험을 하셨단다.

명절을 보내는 풍경은 저마다 다 다를 것이다. 그런데 명절이 오히려 명절 같지 않은 아이들이 꽤 있다. 명절이 되면 더 외롭고 쓸쓸하게 지내야 하기에, 명절이 오히려 달갑지 않은 아이들도 있다.

우리 가족은 나까지 넷인데 동생이 타지에서 경찰 직에 있어 명절에 오지 못할 때가 있다. 그럴 때면 매일 보는 부모님과 나, 이렇게 셋이서 조금은 쓸쓸하게 명절을 보내야 한다. 평소와 다름없는 가족 구성원인지라 명절이라기보다는 긴 연휴처럼 느껴진다. 그래도 엄마표 튀김과 전이 제공되니 조금 특별한 연휴임에는 틀림없다.

심심하게 연휴를 보내던 중 할아버지와 둘이 사는 현준이, 할머니와 둘이 사는 영훈이는 분명 집에 있을 것 같아 전화를 해보았다.

"현준이, 집이니?"

"영훈이, 집이지?"

집에 있는 현준이와 영훈이를 불러냈다. 이렇게 해서, 명절에 할 일 없는 샘과 아이들이 만나게 되었다.

우리의 첫 번째 코스는 목욕탕이다. 몸이 피곤할 때면 나는 한 번씩 사우나에 가서 뜨거운 탕에 몸을 푹 담근다. 그러고 나면 온몸의 독소가 빠지는 느낌이다. 그다음에는 냉탕에 몸을 담갔다가 바로 사우나에 들어간다. 그러고 나서 몸의 때를 벗기고 나면 이 세상 어떤 휴식보다 달콤한 시간을 보낼 수 있다.

나의 평소 코스를 아이들에게 소개했다. 열탕, 냉탕, 사우나를 차례로 즐기고 서로 등을 밀어주었다. 시골 아이들(나를 포함해서)은 때가 국수같이 나온다. 서로 등을 박박 밀어주고 밖으로 나왔다. 뜨거운 열기에 불그스름해진 아이들 얼굴. 원래 이렇게 뽀앴나 싶을 정도로 반짝반짝하다. 목욕탕에 오면 반드시 마셔야 하는 바나나우유도 하나씩 마신다.

목욕을 마쳤으니 배에 기름칠을 할 차례다. 우리 엄마표 명절 음식들을 맛보게 해주려고 집으로 초대했다. 나누는 것을 나보다 더 좋아하시는 엄마이기에, 나 또한 엄마에게 그런 성격을 물려받은 것이 아닌가 하는 생각이 든다. 아빠까지 나서서 고기를 구워주시니, 우리 가족도 모처럼 만찬을 즐길 수 있었다. 아이들은 우리 가족으로 인해, 우리 가족은 찾아와준 아이들 덕에 오랜만에 풍성한 명절을 보낼 수 있었다.

풍성하게 차린 저녁 식사와 부모님의 존재. 나에게는 지극히 평범한 일상들이 누군가에게는 특별한 시간이 될 수 있다.

시간, 음식, 아니면 돈, 여유, 마음. 이 중에서 나에게 풍성하게 넘치는 것이 분명 하나쯤은 존재한다. 나에게 넘치는 것 하나쯤 타인(우리 아이들)에게 흘려보내면, 나에게는 소소하고 당연했던 것들이 조금은 특별해지는 경험을 할 수 있다.

이제는 결혼을 해서 시간도 없고 엄마표 음식도 없지만, 지금 내가 나눌 수 있는 것이 분명 존재할 것이다. 그걸 계속해서 찾아내고 있는 중이다.

나도 '초딩'이던
때가 있었다

나는 천국이 있다고 믿는다. 천국의 존재를 믿든 그렇지 않든, 누구나 간절한 소망이 있을 것이다. 천국이라는 곳이 무엇이든 가능한 곳이라면, 좀 더 세밀한 표현을 빌려, 천국에서 자신의 인생 중 다시 가보고 싶은 시점에 갈 수 있다면 나는 나의 어린 시절로 가보고 싶다. '초딩' 시절의 나와 얼굴 맞대고 이야기 나눠보고 싶기도 하고, 그 시절 추억의 사람들(하늘나라에 계신 할아버지와 할머니뿐만 아니라 친했던 친구와 형, 동생들)의 모습을 내 눈에 담아오고 싶기도 하다.

지금 당장 그때로 돌아가볼 수는 없지만, 그 시절의 나를 조금이나마 느껴볼 수 있는 곳에 가보기로 했다.

어느 여름방학의 마지막 날. 방학 내내 충분히 쉬고 에너지를 충전했기에 아쉬울 것이 없던 날, 생각지 않게 의미 있는 시간을 보내게 되었다. 졸업 후 한 번도 가보지 못한 나의 모교를 20년 만에 다시 찾아가본 것이다. 작년까지 함께 근무했던 친한 후배가 마침 나의 모교로 발령이 나서 이런 좋은 기회가 온 것이다.

아이들에게 줄 도넛을 들고 떨리는 마음으로 정문을 들어섰다. 그리고 후배의 안내에 따라 학교 내부와 교실로 들어갔다. 내가 기대했던 20년 전의 숨결은 찾아볼 수 없었다. 내 머릿속에 남아 있는 학교는, 틈만 나면 초를 바르며 걸레로 닦았던 오래된 나무 바닥의 복도였는데…….

따뜻하고 오래된 나무 바닥은 이제 찾아볼 수 없었다. 그 공간은 차가운 대리석 바닥이 대신하고 있었다. 바닥 재질만 낯설었던 것은 아니었다. 넓고 길어 보였던 복도는 왜 그리 좁던지. 그 좁은 복도에서 우리가 어떻게 축구를 하고 뛰어 놀았는지 상상조차 할 수 없었다.

아쉬운 마음을 달래고자, 내가 6학년 때 만들어진 강당에 가보고 싶었다.

'그곳은 그대로겠지?' 하는 기대를 품고 들어선 강당은, 생각보다 작은 것을 빼고는 내가 기억하고 있는 모습 그대로였다. 식당으로 가는 계단(누가 더 높은 곳에서 뛸 수 있는지 대결을 펼쳤던 계단, 나는 정확히 13번째 계단에서까지 뛰어내려보았다)과 오래된 목욕탕은 그대로 남아 있었고, 그렇게 높아 보이던 동물 동상들도 작아 보이는 것 말고는 그때 느낌 그대로였다.

'이 동상들은 지금도 밤 12시가 되면 살아 움직일까?'

우리 학교만의 허무맹랑한 전설이라고 여겼던 이러한 이야기도, 대한민국 모든 초등학교에 존재하는 보편적인 전설이라는 걸 이제는 안다.

지금 5, 6학년 아이들이 졸업하면 전교생이 열 명도 되지 않아, 폐교가 될 수도 있다는 안타까운 소식을 들었다. 내가 20년간 간직해온 내 추억의 그림이 오늘 보게 된 바뀐 학교의 모습으로 대체 되지 않을까 하는 두려움이 앞선다.

쓸쓸한 마음으로 차를 운전하며 돌아오는데, 라디오에서 익숙한 노래가 들려온다.

"그리워하면 언젠간 만나게 되는⋯⋯"(〈Never ending story〉 중).

추억은 추억으로 남겨둘 때 더 소중하고 아름답겠지만, 추억에 대한 뜨거운 목마름이 여전히 내 안에 존재한다. 지금은 희미한 모습으로밖에 경험할 수 없는 이 일련의 과정이, 어느 순간에는 명확하게 그때 그 시절의 나와 조우하게 될 것을 상상하고 기대해본다.

별명에 관하여

"선생님, 얘가 놀려요~"

하루에도 수십 번씩 내 귀에 들려오는 말이다. 특히 자신이 숨기고 싶은 콤플렉스를 건드린 경우에는 울먹이면서 내게 이르러 온다.

아이들이 친구를 이르거나 고자질할 때, 많은 경우가 별명과 연관되어 있다. 아이들의 별명은 꼭 친구의 콤플렉스를 놀리며 붙이는 경우가 많아 문제가 되기도 한다.

나 또한 학창 시절에 많은 별명이 있었다. 그 별명 중에는 나의 외모 콤플렉스와 관련한 별명도 있었다. 그 별명이 세상에서 제일 듣기 싫어 남몰래 눈물을 훔친 적도 많았다.

하지만 이제 그 시절 그 별명은 나에게 상처를 주지 못한다. 왜냐하면 나는 이미 그에 대해서는 달관했고, 그 상처를 대할 때 승화의 방어기제가 작동할 만큼 그 콤플렉스를 극복했기 때문이다.

별명은 우리에게 상처와 슬픔을 안겨주기도 한다. 하지만 교사인 우리는 별명을 좀 더 건설적으로 사용해볼 수 있다. 다음 몇 가지 예는 내가 아이들에게 손수 지어주었던 별명들이다.

우리 반 '보안관'

학교폭력자치위원회를 거쳐 옆 학교에서 우리 학교로 전학 온 아이가 있었다. 처음 그 아이를 봤을 때는 그런 모습이 전혀 없어서 조금은 의아했다. 하지만 억울하거나 화가 난 상황에서 한두 번 감정이 격화되고, 폭력적인 성향이 드러나기도 했다. 이 아이에게 나는 특별한 임무를 부여했다. 바로 '학급 보안관' 역할이었다.

우람한 체격과 평소 잘 웃지 않고 말수가 적은 태도는 사실 아이들에게 위화감을 줄 수 있다. 인상 때문에 오해 아닌 오해를 하고 지레 겁을 먹는 아이들도 있었다. 나는 전학 온 이 아이에게 다소 우스꽝스러운 모자를 선물하면서, 친근한 별명도 함께 지어주었다.

"보안관!"

"보안관~ 여기 좀 와줘."

아이들 사이에 갈등이 생기는 곳마다, 특히 거친 남학생들끼리 치고받는 싸움이 일어나면 보안관의 활약이 두드러졌다.

선생님 없는 교실의 평화는 자기 역할을 묵묵히 수행하는 보안관 덕분에 유지될 수 있었다. 그뿐만이 아니다. 보안관, 보안관 하며 친근하게 부르다 보니 어느새 그 아이 또한 반 아이들에게 편안한 존재로 섞여들어 있었다. 아이들이 보안관을 쉽게 대하자 그 아이의 인상도 조금씩 달라지기 시작했다.

나 역시 예전에 친했던 친구들을 떠올려보면 이름보다 별명이 먼저 떠오른다. 이따금씩 연락을 하려고 휴대전화 연락처에 이름을 입력하면 검색이 되지 않다가도 별명을 넣으면 나오는 경우가 있다. 그만큼 별명은 친근함의 표시이자, '너와 나' 사이의 벽을 허물어주는 도구가 되기도 한다.

괜찮아! 그게 네 모습이니까

우리 반 아이 중에 원숭이를 닮은 아이가 있다. 어느 반에나 원숭이를 닮은 아이가 꼭 한 명씩은 있다. 그런데 이 아이는 외모만 원숭이를 닮은 게 아니라 원숭이를 좋아하기까지 한다. 이름에도 원숭이를 뜻하는 '몽'자가 들어 있을 뿐 아니라 원숭이가 그려진 옷도 자주 입는다.

그렇지만 이 아이에게 처음부터 섣불리 '원숭이'라는 별명을 지어줬다가는 상처받을 수 있다. 분명 적당한 때가 있다.

'쇠가 충분히 달구어졌을 때와 같은 교육적 타이밍.' 나는 그 타이밍을 매우 중요하게 생각한다. 때로는 그 타이밍을 위해 인내하며 기다려야 할 때도 있다. 나는 그 교육적 타이밍을 맞추기 위해 기다리고 기다렸다.

사실 학기 초에 아이 어머니로부터 친구들이 놀려서 상처를 자주 받는다는 전화를 받았다. 그래서 더욱 조심스러웠다. 내가 함부로 상처를 치유해주겠다면서 만용을 부리며 접근했다가는 일을 그르치기 마련이다.

아이의 일상과 행동 하나하나를 깊이 들여다보면, 어느 순간 아이가 자신의 약점을 서서히 극복하는 모습을 포착할 수 있다. 처음에는 모든 자극에 반응하다가도 서서히 무뎌지고, 나아가 자신이 먼저 그 이야기를 웃음의 소재로 꺼내는 승화의 단계까지 이르렀을 때 비로소 그 상처를 극복했다고 판단할 수 있다. 그러한 과정에서 교사가 적절히 개입하고 전략적으로 접근하는 것이 필요하다.

처음에 아이는 친구들이 자신의 외모에 대해 말하거나 머리에 난 작은 상처를 만지거나 이야기 꺼내기만 해도 예민하게 반응했다. 그러다 아이들끼리 부딪치고 뒹굴면서 서서히 그 자극에 무뎌지는 모습을 읽을 수 있었다. 친구가 그 상처에 대해 잘 모르고 "이 상처는 뭐야?"라고 물어봤을 때, 전과는 다르게 그 상처가 어떻게 생겼는지 설명해주는 아이의 모습을 볼 수 있었다. 그리고 예전과는 다르게 표정이 밝았다.

무의식적으로 나는 별명을 지어도 괜찮을 타이밍을 포착했고, 수업 중에 자연스럽게 '몽맨'이라는 별명을 지어주었다. 아이는 활짝 웃었고, 친구들도 그 아이도 '몽맨'이라는, 입에 착착 감기는 별명을 사랑했다.

'원숭이같이 생겼다' 혹은 '원숭이를 좋아한다'라는 놀림 요소를 승화시켜, "나는 원숭이를 좋아하고 원숭이랑 닮았어. 나는 '몽맨'이야!"라고 먼저 소개할 수 있는 자신감을 갖게 된 것이다.

상처를 극복하기 위해서는 그것을 직면하는 것부터 시작해야 한다. 피하고 숨는다고 해결되는 일은 없다. 때로는 너무 큰 상처여서 극복하는 데 오랜 시간이 걸리고, 그 시간까지 기다리고 묵혀두어야 할 때도 있지만, 결국에는 직면해서 극복하는 때가 오기 마련이다. 초등학생인 아이들에게 '직면'하라는 무거운 용기를 짊어지게 하고 싶지는 않다.

그저 '괜찮아. 그게 나야!'라는 생각과 표현을 날마다 스스로와 친구들 앞에서 이야기할 수 있는

힘을 갖게 해주고 싶을 뿐이다. 때로는 그 과정에서 별명이 작은 역할을 하기도 하니, 별명이 참 고맙기도 하다.

좋은 별명의 힘

말수가 적은 아이가 있었다. 그 이면에 아이만의 깊은 세계가 있다는 것을 나중에 알게 되었지만, 어쨌든 다른 아이들이 다소 거리를 느낄 수 있는 아이였다. 많은 친구들과 만나기보다 자기와 친한 친구 몇 명하고만 어울려 다니는 그런 아이였다.

이 친구는 성이 '방'씨였다. 오래전 선풍적인 인기를 끌었던 '빵상아줌마'가 떠올랐다. 그건 이성적인 메커니즘에 의해 떠올라 만들어진 별명이라기보다는, 모든 별명이 그렇겠지만 무의식적이고 순간적인 번득임에 의해 탄생한 별명이었다.

"너희들 '빵상아줌마' 알아?"

우주와 소통한다던 아줌마, 요상한 주문을 외워가며 진지하게 소통하던 그 아줌마를 보면 웃지 않을 수가 없다. 그 빵상아줌마의 존재가, 그 아이와의 데이트에서 떠오른 것은 우연이 아니었다.

아이는 이 별명을 충분히 받아들일 만큼 내면이 튼튼했고, 무엇보다 그 아이에게는 약간의 가벼움이 필요했다. 우스꽝스러운 빵상아줌마 동영상과 함께 지어준 '빵상'이라는 별명은 아이들 사이에서 빠르게 전파되었다. 우리 반뿐만 아니라 옆 반까지 자연스레 소문이 났다.

"빵상~"

친근한 별명만큼 아이도 우리 반에서 존재감을 넓혀갔다. 이런 사회성이 있었나 싶을 정도로, 많은 아이들에게 사랑받는 매력적인 아이로 성장해갔다. 시기적절하게 지은 별명 하나는 아이 삶에서 놀라운 작용을 하기도 한다.

이 밖에도 여러 가지 별명들이 있다. 우리 반에서 키우는 달팽이를 관리하는 '신팽이'와 '김팽이', 열 받지 말라고 '열라면', 영화배우 홍금보를 닮아서 '홍금보', 힘이 세서 '천하장사'(힘이 센 것을 폭력적인 방향으로 쓰기 말고, 건전하고 아름답게 사용하라는 의미) 등이다.

별명은 섣불리 사용하면 도리어 상처가 될 수 있으니 세심한 주의가 필요하다. 하지만 적절한 시기(아이가 받아낼 만한 심리적 상태)에 적절한 별명을 붙여주면, 놀라운 변화를 경험할 수 있다.

눈물, 사람의 마음을
정복하는 힘

아이들의 반성문

추억의 박스 안에서 낯선 종이가 눈에 띄었다. 아이들 수만큼인 28장의 종이에는 꾹꾹 눌러쓴 글자들이 또박또박 박혀 있다. 하나하나 자세히 읽어보니 그것은 '반성문'이었다.

　나는 대부분 대화로 훈계를 하는 편이다. 아이들이 어떤 행동을 할 때에는 분명 그럴 만한 이유와 원인이 있다고 생각하기에 아이들의 이야기를 꼭 들어본다. 아이들에게 억울함이 없도록 하는 것이 아이들과의 관계에서 가장 중요한 부분이라고 생각한다.

　이렇듯 평소에는 좀처럼 반성문을 쓰게 하지 않는 나인데, 한두 명도 아니고 우리 학급 전체 학생들에게 반성문을 쓰게 했다니 이해가 되지 않았다. 하지만 이렇게 증거가 확실하니 발뺌을 할 수도 없는 노릇이다. 무죄(기억이 나질 않는다)를 주장하기보다는, 그럴 수밖에 없었던 상황을 이야기하는 편이 현명한 선택일 것이다. 나는 이때 6학년 초년생 담임으로 6학년 아이들에 대한 이해가 부족했다. 하지만 처음이었기에 계산하지 않고 내 마음껏 아이들을 사랑했다. 그러다 보니 상처도 많이 받았던 것 같다. 풋풋한 사랑 앞에서는 감정의 기복도 크고 상대에 대한 기대 역시 큰 법이니까.

여러 반성문 중에서도 한 아이의 글이 눈에 띈다. 내가 아이들 앞에서 눈물을 보였나 보다. 그것도 진한 눈물을. 아이들의 반성문을 읽다 보니 어렴풋이 그 순간에 대한 기억과 감정들이 꾸물꾸물 올라온다. 아이들과 경계 세우기를 하지 않았던, 그 경계마저도 우리 사랑의 장애물이라고 생각했던 나였다. 하지만 내 맘 같지 않게 아이들이 수업 시간에 지나치게 자유로웠나 보다. 집중하지 못하는 아이들 때문에 감정 소모가 컸던지, 그날은 터져버리고 말았던 것이다.

내가 교실에서 나와 복도에서 조용히 눈물 훔쳤던 것이 기억난다. 교실 안은 싸늘하게 식었고, 찬물을 끼얹은 듯 조용해졌다. 아이들을 피해 복도에 있던 나를 옆 반 선생님이 우연히 발견하셨다.

"대윤 샘, 무슨 일이야?"

누군가에게 눈물을 보이는 것은 나를 온전히 드러내는 일이다. 그래서 부끄럽고 두렵기까지 하다. 하지만 내 눈은 이미 빨개져 있었고, 눈물이 볼을 타고 흘러내리고 있었다. 10여 분간을 선생님과 이야기하며 마음이 좀 진정되었다.

그때 그 10여 분의 순간이 나와 옆 반 선생님과의 깊은 인연의 시작이 되었다. 나중에 알게 된 사실이지만, 옆 반 선생님은 그날 나의 눈물에서 나의 진심을 보셨다고 한다. 3월에 처음 만나 몇 개월간 서먹서먹한 옆 반 선생님으로 지내던 우리는 그날 이후로 급격히 가까워졌다.

'아이들 때문에 눈물 흘리는 선생님이라.'

그런 선생님이라면 분명 괜찮은 사람일 거라 생각하셨단다.

우리는 모두가 기피하는 6학년 담임을 무려 3년 동안 함께 맡게 되었고, 그날 그렇게 나의 부끄러운 내면을 보인 눈물로 우리 두 사람의 인연이 시작되었다.

그해 나는 6학년 초년생으로 6학년 부장까지 맡았으니, 어깨에 힘이 잔뜩 들어가 있었다. 6학년 업무를 나누지 않고, 신규 선생님 두 분을 위해 몽땅 가져왔다. 거기에 친목 부장까지 맡았으니 정신이 하나도 없었다. 아이들과의 관계에서도 '적당히'라는 것을 몰라, 120퍼센트를 쏟아내며 매일매일 감정의 '번 아웃'을 경험했다. 나의 고갈된 상태, 부족하고 연약한 모습을 어느 누구에게도 들키지 않으려 노력했으나 불과 몇 달 만에 탈탈 털리고 만 것이다.

하지만 나는 그 일로 '연약할 때 더욱 강해진다'라는 인생의 역설을 경험하게 되었다. '연약함'을 나누자 동 학년 선생님들로부터 위로와 공감이 쏟아졌고, 이를 계기로 우리는 더 끈끈해질 수 있었다.

"엄마, 선생님은 더 힘드시잖아요"

나의 눈물은 동 학년 선생님의 마음을 움직이고 아이들에게도 전해졌던 모양이다. 그해는 1학기와 2학기가 명확하게 구분되는 해였는데, 평화롭고 행복이 가득했던 1학기와 힘들고 고되었던 2학기로 나뉜다. 여름방학을 하기 전, 옆 반 학생 연호가 우리 반으로 반을 옮기게 되었다. 학교폭력자치위원회를 통해 처벌받게 된 학생으로, 강제 전학을 가기 전에 마지막 기회로 반을 옮기게 된 것이다. 그 아이를 우리 반으로 받기 전에, 5학년 때 그 아이로 인해 매우 힘든 시간을 보냈던 우리 반 아이와 그 아이의 학부모에게 먼저 동의를 구해야 했다. 아이 어머니와 만나 여러 번 이야기를 나누었다.

"작년에 정말 힘든 시간을 보낸 건 사실이지만, 우리 아이가 그때보다 더 성장했을 거라 믿어요. 그리고 그 아이도 우리 아이와 똑같은 6학년 아이잖아요. 같은 부모의 마음으로 한번 믿어보고 싶습니다. 무엇보다 선생님을 믿어봅니다."

학부모님의 어려운 승낙 이후 가장 중요한, 아이의 동의가 필요했다. 처음 말을 꺼냈을 때, 그 아이의 무의식적인 반응이 보였다. 얼굴이 붉어지고 손과 발을 심하게 떨었다.

'이렇게 힘든 시기를 겪은 아이에게 그 어려움을 또다시 겪게 하는 것이 바람직한 일일까?'

며칠을 밤새우며 고민했다. 그리고 방학 동안 생각을 정리하여, 마침내 나와 아이는 큰 결정을 내렸다.

그렇게 시작한 2학기는 참으로 드라마틱했다. 하루에도 네댓 번씩 싸움이 일어났고, 학교에 오지 않는 연호를 데리러 매일매일 아이의 집으로 출근해야 했다. 자퇴한 고등학생들과 어울려 산다는 말을 듣고 그 고등학생들을 만나 밥을 먹기도 하고, 많은 이야기를 나누기도 했다. 뜻하지 않게 그전에는 몰랐던, 우리 사회가 책임지지 못하는 아이들의 상황과 삶을 알게 되었다.

주말마저 반납하며 그 아이에게 친구를 만들어주기 위해 축구장이며 바다며 여러 곳을 돌아다녔다. 하지만 변하지 않는 아이와, 하루가 멀다 하고 교실에서 벌어지는 다툼. 그뿐만이 아니었다. 경찰서나 지역 주민들로부터 민원 전화가 빗발치기도 했다. 나도 아이들도 사랑과 인내가 바닥났을 때쯤 전화가 한 통 걸려왔다.

"선생님, 저 윤후 엄마예요. 선생님을 믿고 그 아이가 우리 반에 오는 것을 어렵게 허락했는데, 참 쉽지 않네요. 우리 아이는 '우리보다 선생님이 더 힘드시니까 연락하지 마'라고 몇 번이나 이야기했는데, 힘들어하는 우리 애를 보고 어렵게 전화 드렸습니다."

'엄마, 선생님은 더 힘드시잖아요.'

우리 아이들이 힘들어했다는 걸 누구보다 잘 알고 있었다. 한두 명이 아니라 우리 반 아이들 모두가 한마음으로 그 아이를 지지해주고 기다려주는 모습에 매 순간 고마웠고 미안했다. 무엇보다 선생님이 자신들보다 힘들어하는 것을 먼저 알아차리고 위로할 줄 아는 아이들의 성숙함에 깊이 감동할 수밖에 없었다.

그해에는 연호가 워낙 우리 반에서 독보적이었기에 다른 아이들은 감히 작은 문제도 일으킬 수 없었다. 오히려 스물여덟 명의 아이들이 선생님으로서 역할을 함께했다고 할 수 있다. 어려움을 함께 겪었던 아이들과 나. 그리고 그 윤후마저도 한 학기 동안 많이 단단해졌다.

졸업식 날, 전화를 주셨던 윤후 어머니를 만났다.

"선생님, 감사해요. 한 학기 동안 힘들었지만, 아이가 강해진 것 같아요. 사실 막내라 작은 일에도 힘들어하고 어려움을 겪었는데, 선생님과 함께 이렇게 큰 산을 넘고 나니 아이가 많이 성장한 것 같습니다."

나에게도 그 아이에게도, 그리고 우리 반 아이들 모두에게, 그해에 새겨진 우리의 인생 나이테는 그 어떤 해보다 치밀하고 진하게 새겨져 있을 듯하다.

지금도 나는 지상파 채널에서 하는 주말 드라마를 본다. 케이블 채널의 작품성 있는 숱한 드라마를 뒤로하고, 때로는 유치하고 뻔한 스토리로 전개되는 지상파 채널의 주말 드라마를 꼭 챙겨 본다. 뻔하디뻔한 권선징악의 주제를 담고 있는 주말 드라마에는 다른 드라마에서는 볼 수 없는 순수함이 있다.

그리고 결론은 따뜻하다. (많은 열혈 시청자들 때문에라도 결론은 그럴 수밖에 없겠지만.) 자본주의의 차가움을 밀어내는 주인공의 훈훈한 선택은 언제나 밝은 미래를 만들어낸다. 돈의 가치로 좌지우지되는 우리 현실과는 다르게, 가족 혹은 사랑의 가치가 여전히 존중되는 이야기를 보며 나도 모르게 눈물을 훔치기도 한다.

눈물은 순수함의 표현이자 열정의 결과물이다. 때로는 촉촉한 눈물이 '경이로운 순간'이라는 씨앗을 움트게 한다고 나는 믿는다.

* 이 글의 제목에 '사람의 마음을 정복하는 힘'이라는, 조금은 강압적인 표현을 썼다. 우리가 사람의 마음 혹은 아이들의 마음을 얻기 위해, 사람의 행동을 수정하기 위해 벌이는 숱한 강압적인 일들은 결국 마음을 정복하기 위함이다. 하지만 사람의 마음을 정복하는 것은 강압적인 수단이 아니라, 역설적이게도 인간에게 가장 연약한 모습인 '눈물'이라는 생각이 들어 그런 제목을 붙여보았다.

학부모는 내가 사랑하는
아이들의 부모다

교사에게 업무란 정말 하기 싫은 일 중 하나다. 업무는 아이들을 가르치는 일에 오롯이 전념하지 못하도록 교사들의 시간과 정신을 쏙 빼놓는다. 모든 업무가 그렇지만, 유난히 교사의 힘을 쭉 빼놓는 업무가 있는데, 바로 '생활' 업무이다. 과거 중·고등학교 시절, '학생주임'이라고 불리던 선생님의 역할이 지금 초등학교의 생활부장 선생님 역할일 것이다. 생활 업무를 하면서 제일 힘든 일은 학교에서 일어나는 크고 작은 폭력 사건을 해결하는 일이다.

아이들의 다툼과 폭력은 사소하게는 화해와 사과로 해결되기도 하지만, 정도가 심할 경우에는 중재가 되지 않고 학교폭력자치위원회까지 이어지곤 한다. 학교폭력자치위원회를 통한 문제 해결은, 피해 학생에게 바람직한 방법이 되지 못할 때가 많다. 오히려 피해 학생을 중심으로 중재하고 회복적 문제 해결을 시도할 때, 피해 학생이 폭력의 후유증으로부터 빨리 회복할 수 있다.

사실 지금 하고 싶은 이야기는, 그런 경우가 아니라 내가 위원으로 참여했던 한 학교폭력자치위원회에서 일어났던 일이다.

2016년 11월 10일 오후 3시 10분.

"지금부터 학교폭력자치위원회를 열도록 하겠습니다."

생활부장 선생님의 주도로 학교폭력자치위원회가 시작되었다. 가해 학생과 피해 학생 모두 내가 4학년 때 담임을 맡은 아이들이었다. 지금은 6학년이 되어 반에서 함께 지내던 중에 사건이 발생한 것이다. 양쪽 부모님 또한 내가 잘 아는 분들이셨다. 너무나 좋은 두 분이 이렇게 어색하다 못해 머리를 숙여야 하는 관계로 만나는 장면을 보니 마음이 참담했다.

사건 개요는 이렇다. 학예회 연습 도중 남학생이 여학생을 때렸고, 이후 여학생이 지속적으로 선생님에게 그 일을 이야기했다. 피해 학생 어머니의 말씀에 나는 마음이 몹시 아팠다.

"우리 아이는 담임선생님을 이렇게 표현했어요. 간단히 혼내고, 기다리라고만 한다고. 원래 그런 애라고 이야기한다고요. 전화하거나 말씀드리지 않으면 변하는 게 없어요."

나는 그 반 담임선생님이 평소에 아이들을 위해 얼마나 애쓰고 계시는지 누구보다 잘 알고 있었다. 수업 결손까지 감수

하면서 진행해야 하는 학습 발표회 준비 때문에 정신없는 중에, 아이들이 다투는 일들까지 하나하나 해결하려면 정신이 하나도 없을 것이다. 그런 와중에 이런 사건이 벌어졌으니 담임선생님도 몹시 힘들었을 것이다.

무엇보다 가해 학생 아버지를 뵙고 나는 몹시 민망함을 느꼈다. 나는 그 아버님을 잘 알고 있었다. 2년 전 그 아이가 4학년일 때 내가 담임을 맡았다. 아이는 3학년 말에 의료 사고로 갑자기 엄마를 잃은 상황이었다. 아버님 혼자서 아들 둘을 키워야 하는 상황이 되어 할머니, 할아버지 집 옆으로 이사를 오게 되었고, 우리 학교로 전학을 온 것이다. 상담 중에 이 사연을 듣고 아버님과 함께 눈물을 훔친 기억이 있다.

지난 2년간 아이 아버님은 누구보다 열심히 사셨다. 낮에는 열심히 일하고, 밤에는 교육을 위해 많은 시간을 아이들과 함께 보내셨다. 그래도 엄마의 빈자리를 채우기는 쉽지 않으셨으리라.

그런 아버님에게 학교는 어떤 도움을 주었나?

홀로 아이들을 키워야 하는 아버님에게 '혁신' 학교는 어떤 도움도 드리지 못했다. 학교는 2년 만에 처음으로 아이 아버님을 불렀고, 학교폭력자치위원회라는 차갑고 무거운 자리에서 "아들이 이런 행동을 하는 것을 모르셨어요?" "이렇게 키우시면 안 돼요!"라며 매섭게 몰아붙이고 있었다. 학교폭력자치위원회 학부모위원 어머님들로부터 거센 야단을 들으며 무조건 죄송하다면서 고개 숙이는 아버님의 모습을 보니 그 자리에 앉아 있을 수가 없었다. 숨이 턱까지 막히고 가슴이 답답하다 못해 어지러웠다.

우리 학교는 교통 봉사, 학부모 책 읽어주기, 각종 바자회 등 학부모님들의 학교 참여가 매우 활발한 편이다. 작년과 올해에 학부모회 상까지 수상했다. 그분들의 수고와 땀이 학교에 분명한 결실로 나타나고 있었다. 그 결실을 부정하려는 것은 아니다. 하지만 그 이면에 있는 소위 '그냥 평범한 학부모', 직장과 육아를 동시에 감당해야 하는 지극히 평범한 우리 학부모님들의 학교 참여는 어려운 것이 사실이었다.

이벤트성 각종 행사로 학부모님을 학교에 참여시키는 '보여주기식' 학부모회 말고, 학부모들을 제대로 지원하고 도울 수 있는 자리가 필요하다고 생각했다.

'우리 반부터 시작하자.'

그렇게 해서 탄생하게 된 모임이 '학부모 삶 나눔'이다. 이 모임의 취지를 자세히 설명하는 편지를 학부모님들께 보냈다. 그리고 학부모회 활동을 하시는 분들 말고 지극히 평범한 학부모님들께도 연락을 드렸다.

나오실까? 의구심을 가지고 시작한 첫 번째 '학부모 삶 나눔'에 우리 반 학부모님들의 절반인 열 분이나 참석하셨다. 서로 처음 얼굴을 본 사이니 얼마나 어색하셨을까? 지금 생각해도 아찔하다. 그날 나오신 학부모님들은 유일하게 아는 사람, 즉 담임교사인 내 얼굴만 쳐다보고 계셨다.

어색하고 낯선 분위기로 시작한 이 모임은 어떻게 성장해 갔을까?

학부모 삶 나눔, 첫 번째 이야기

어색한 분위기 속에서 시작한 첫 활동은, 동전을 하나씩 받은 뒤 동전에 새겨진 연도에 자신에게 가장 기억에 남는 이야기를 나누는 것이었다.

"선생님, 시작부터 이상한 거 시키시는 거 아니에요?"

한 어머님의 날카로운 지적에 가슴이 두근두근한다.

"한번 해보시죠."

얼굴도 모르는 낯선 사람들이 모였는데, 시작하자마자 자신의 삶을 나누라고 하니 얼마나 당황하셨을까? 하지만 진심은 통하는 법. 그렇게 시작한 첫 번째 활동을 통해 한 분 한 분 자신의 삶을 진솔하게 나누기 시작했다. 낯선 시간은 오래가지 않았다. 같은 나이, 같은 반 아이를 두었다는 공통분모 위에서 서로의 이야기에 자연스럽게 공감하고 계셨다.

무엇보다 인상 깊었던 것은, 학부모님들이 각자 고민하던 문제들이 다른 학부모님을 통해 해결되고 있다는 점이었다. 특히 첫째가 6학년 아이인 부모님은 사춘기 행동을 이해하기 힘들어하셨다. 하지만 이미 사춘기 자녀들을 몇 명씩 키워내고 이제 막내가 6학년인 부모님들은 여유가 넘치셨다. 그런 선배 부모님들의 조언에는 촌철살인과 같은 힘이 있었다. 교사인 내가 일대일로 상담할 때에는 말씀드려도 받아들이기 어려워하시던 부분들이었지만, 같은 반 선배 부모님들의 조언에는 금세 빗장이 풀려 고개를 끄덕이며 공감하신다.

그중 한 부모님의 사연에 가슴이 먹먹해졌다.

"제 동전에 나와 있는 연도는 1990년이네요. 저는 그해가 확실히 기억이 나요. 왜냐하면 결혼하기 바로 직전 해거든요. 저는 최근에 유방암 수술을 받았어요. 수술하는 도중에 지난 삶이 주마등처럼 지나갔어요. 저는 결혼하고 단 한 해도 쉬어본 적이 없는 것 같아요. 큰아이(스물다섯 살)를 바로 가진 후로, 지금 막내(열세 살)를 키우기까지 집에서는 아이들을 키우고 밖에서는 슈퍼 일을 하느라 지난 25년 동안 쉴 틈 없이 살았죠. 1990년, 그러니까 제가 결혼하기 직전 해, 그해가 제 인생에서 가장 화려하고 행복했던 시간이 아니었나 하는 생각이 듭니다."

그 어머님의 이야기를 들으며, 매일 밤늦게 퇴근하며 보는 엄마의 모습(사실은 잠든 모습)이 떠올라 눈물을 참을 수가 없었다.

우리의 어머님들은 자녀라는 꽃을 피우기 위해 자신의 삶을 거름으로 내어준 분들이다. 내가 사랑하는 아이들의 부모님들. 그분들이 지닌 아픔을 조금 덜어드리고 도와드리고 싶었다. 내가 할 수 있는 만큼, 비록 작게나마 그분들의 삶을 지지하고 응원해드리고 싶었다. 그것이 내가, 학교가 할 수 있는 진정한 도움일 테니…….

'학부모 삶 나눔'은 작고 소소하게, 그렇게 시작되었다.

학부모 삶 나눔, 두 번째 이야기

소소한 시작이었지만 이 모임에 나온 우리 반 학부모님들이 서로 마음을 열기 시작했다. 처음 느낀 어색함은 점차 사라지고, 어느새 꽤 친근한 관계가 되었다. "수빈 어머니"에서 "언니" "동생" 하는 가까운 이웃이 되었다.

그러던 어느 날, 우리 인생에 행복한 일들만 있는 것은 아닌 것처럼 우리 반에 큰 위기가 닥쳐왔다. 아이들 둘이 크게 싸운 것이다. 더욱이 그 아이들의 부모님은 '학부모 삶 나눔'에 참여해 함께 삶을 나누고 계시는 분들이었다. 아이들 얼굴에 깊은 상처가 났고, 마음의 상처는 말할 것도 없었다. 자기 자녀가 상처 입은 모습을 보고 화가 나지 않을 부모가 어디 있겠는가?

그날 이후 한 아이는 사흘간 학교를 나오지 않았다. 나는 매일 집으로 방문해 아이를 만났고, 부모님과 이야기를 나누었다.

사흘 뒤 아이가 다시 학교에 나왔다. 하지만 부모님들의 관계는 이미 크게 금이 가고 말았다. 두 분이 서로 이웃이었기에 더욱 아쉬웠다. 한 어머님은 미용실을 운영하셨고 한 아버님은 신발 빨래방을 운영하셨는데, 서로의 가게를 이용하는 고객이기도 했다.

2주 뒤 학부모 삶 나눔 날이 다가왔다.

'두 분이 나오실까?'

초조하게 기다리는 가운데 시곗바늘이 어김없이 6시를 가리켰다. 문이 열리고 한 아이의 어머님이 먼저 오셨다. 그리고 몇 분 뒤 다른 아이의 아버님도 오셨다. 잠시 갈등과 어색함이 감도는 듯했으나, 다른 부모님들 덕에 분위기가 금세 따뜻해졌다. 그리고 두 분은 용감하게 서로에게 웃으셨다.

어느덧 마지막 모임이 다가왔다. 학부모 삶 나눔의 마지막 모임은 멋진 레스토랑에서 하기로 했다. 부모님들은 1년간 뜨거운 우정으로 함께한 만큼 마지막 모임을 아쉬워하셨다. 싸움을 했던 한 아이의 어머님은 모든 부모님들을 위해 선물을 챙겨오셨다. 수줍게 선물을 받으시던, 다른 아이의 아버님 모습이 지금도 생생하다.

지금도 두 분은 서로의 고객으로, 이웃으로 잘 지내고 계실 것이다. 그리고 두 아이는 같은 중학교에 입학해 같은 반이 되었다고 한다. 일시적인 갈등에 처벌을 우선시했다면, 같은 반이 된 지금 둘은 아주 어색한 관계일 것이다. 하지만 두 아이는 서로에게 좋은 벗으로 남아 있다. 왜냐하면 부모님들이 친한 사이이기 때문이다.

교사에게 학부모란, 가까이 해서도 안 되고 멀리해서도 안 되는 존재라고 말한다. 하지만 내게 학부모님은, 내가 사랑하는 우리 아이들의 부모님이다. 내가 아이들을 사랑하는 만큼, 그 아이들에게 가장 소중한 존재인 부모님의 삶도 작게나마 돕고 싶은 것이 나의 마음이다.

한 아이도 놓치고 싶지 않다.
아이 삶의 한 부분도 놓치고 싶지 않다.
그래서 우리 아이들의 부모님도 돕고 싶다.
이것이 내가 늘 잊지 말아야 할, 뜨거운 마음이 아닐까?

교실은 우리들의 집처럼
따뜻한 곳이었어

뜨거웠던 한 해의 열기를 뒤로하고, 아이들이 떠난 빈 교실을 바라보는 것은 지독하게 쓸쓸한 일이다. 아이들의 체온으로 따뜻했던 그 열기가 미미하게 남아 있기에, 잠시 앉아 그 미온이나마 가만히 느껴본다.

교사에게 2월이란, 이별의 슬픔과 새로운 만남에 대한 기대 사이에서 한없이 방황하는 시기라고 말하고 싶다. 기대가 슬픔을 밀어내기에는 슬픔의 주인공들과 함께한 시간이 너무나 깊기에 이 시기를 보내기가 더욱 어렵다.

하지만 어쩌겠는가? 이제 새로 만날 새로운 아이들을 위해 준비를 시작해야 하는 것을……. 무엇보다 새로운 손님을 맞이하기 위해 공간의 재구성이 필요하다. 아쉽지만 아이들과의 추억이 담긴 게시판의 작품부터 내 손으로 하나하나 떼어내야 한다. 아이들이 놀던 놀이 공간도 새로 정리해야 하고, 아이들의 낙서 공간인 칠판도 묵은 때를 깨끗이 닦아내야 한다. 교실

창마저도 아이들의 공간이었기에, 그 공간도 정리가 필요하다. 신발장에 붙어 있는 아이들 이름도 이제는 떼어내야 한다.

2월 어느 날, 그런 정리와 준비를 하기 위해 학교로 향했다. 계단을 올라 4층으로 간 뒤 몇 걸음 걸어가면 3반. 우리 반이다. 아무도 없는 2월의 적막한 쓸쓸함 속에 교실 문을 열어본다.

그런데 교실 문을 여는 순간, 나는 깜짝 놀라 주저앉을 뻔했다. 문 옆에 한 사람이 쭈그려 앉아 있는 것이 아닌가. 귀신인지 사람인지 알 수 없는 그 모습과 자세에 나는 눈을 비비고 다시 한번 자세히 쳐다보았다.

"너 하윤이 아니니?"

얼마 전 졸업한 우리 반 아이였다.

"너 여기서 뭐 해?"

"그냥요……."

"언제 왔어?"

"한두 시간쯤 됐어요."

"안 추워?"

"괜찮아요."

냉기로 가득한 교실에 쭈그려 앉아 있는 아이를 일으켜 세워 가만히 안아주었다. 얼마의 시간이 지났는지도 모를 만큼 한참을 우리는 서로를 안고 말없이 체온을 나누었다.

우리의 교실은 언제나 따뜻한 공간이었다. 아이들이 편하게 누워 책을 읽거나 쉴 수 있는 공간이 있었고, 보드게임 같은 다양한 놀이를 할 수 있는 공간도 있었다. 다소 지저분해 보이지만 뭔가 꽉 차 있는 공간이었다. 깔끔한 것을 좋아하는 나로서는, 눈에 보이는 것들을 다 치워버리고 싶은 마음이 들다가도, 이건 연수가 좋아하는 물건이고, 이건 지민이가 자주 꺼내서 가지고 노는 물건이네. 이건 아이들이 자주 사용하는 것이고, 이건 아이들이 사랑하는 것들이네. 이러다 보니 다 그대로 둘 수밖에 없었다. 하지만 1년이 다 가도록 교사인 내가 정리 한번 안 해도, 저들만의 방식과 구도로 나름대로 정리가 되어 있는 교실이다. 아무 의미 없이 그냥 놓여 있는 것은 단 하나도 없다.

우리의 추억이 고스란히 담겨 있는 교실은, 집 같은 따뜻함이 있는 곳이다. 깔끔하고 정리가 잘된, 차가운 공간이 아니라 다소 지저분하지만 내 집 같은 따뜻함이 묻어 있는 곳이었다. 아니, 어떤 아이에게는 집보다 더 편안한 곳이었을지도 모른다.

방학이 되면 '집처럼 따뜻한 곳인 우리의 교실'에 아이들이 한 명씩 왔다가 간다. 그저 그곳에 와서 가만히 앉아 있다 가곤 한다. 그곳의 따뜻함을 느끼고 마음을 녹이고 간다. 매일매일 방문한 교실에는 매일매일 왔다 간 몇몇 친구들의 편지와 쪽지가 칠판에 남아 있다. 한 친구가 왔다 간 칠판의 흔적에 또 다른 친구가 다른 글을 남기고, 또 다른 친구가 친구들의 글에 또다시 답글을 남긴다. 어느새 칠판은 우리의 방명록이 되어가고 있었다.

교실을 방문한 그날 말고도, 며칠 학교에 더 나갈 일이 있었다. 갈 때마다 아이들을 만나거나 아이들의 흔적(쪽지나 칠판의 방명록)을 만날 수 있었다.

어느 날은 새 학기 준비로 학교를 방문하신 옆 반 선생님을 만났다.

"대윤 샘, 어제 대윤 샘 반에 아이 한 명이 교실 바닥에 앉아 있더라고. 깜짝 놀랐어."

"아무 말 없이 쭈그려 앉아 있었나요? 추운데 교실 바닥에 앉아 있진 않았어요?"

이제 초등학생도 아니고, 그렇다고 아직 중학생이 되지도 않은, 정체불명이 된 아이들. 때로는 따뜻함이 그리워 아무 이유 없이 교실을 찾아오기도 하고, 발길이 무의식적으로 이곳을 향하기도 한다. 다른 어떤 것을 하지 않아도, 가만히 그 따뜻함을 속에 채워 가는 아이들을 보았다.

지금도 왕왕 자신의 친정을 방문하듯, 제집 드나들듯 허물없이 찾아오는 교실. 그러면서 먹을 것 없느냐고 협박까지 해대는 녀석들을 보며, 오늘도 나는 이 공간을 따뜻하게 경작해본다. 이곳에 있는 아이들에게나 이곳을 떠난 아이들에게나, 우리 교실은 따뜻한 공간이자 따뜻한 추억을 가득 담고 있는, 우리들의 집 같은 곳이니까.

그리고 교사인 나에게는, 경이로운 순간이 수시로 펼쳐지는 '경이로운 순간의 창조 공간'이니까. 교실은 그런 곳이니까.

애들아, 다시 불을 켤 시간이야

초판 1쇄 발행   2019년 5월 14일
초판 2쇄 발행   2020년 11월 16일

지은이   이대윤

발행인   김병주
출판부문대표   임종훈
주간   이하영
편집   박민주
디자인   박현주
마케팅   박란희
펴낸 곳   ㈜에듀니티(www.eduniety.net)
도서문의   070-4342-6114
일원화 구입처   031-407-6368
등록   2009년 1월 6일 제300-2011-51호
주소   서울특별시 종로구 인사동5길 29 태화빌딩 9층
ISBN   979-11-6425-029-5 (03370)